WILLIAM CRAFT & ELLEN CRAFT

FUGA PARA A LIBERDADE

UMA JORNADA ÉPICA
DE UM CASAL CONTRA
A ESCRAVIDÃO

WILLIAM CRAFT & ELLEN CRAFT

FUGA PARA A LIBERDADE

UMA JORNADA ÉPICA DE UM CASAL CONTRA A ESCRAVIDÃO

São Paulo | 2025

Título original: *Running a Thousand Miles for Freedom – The Escape of William and Ellen Craft from Slavery*
Copyright © 2025 – LVM Editora

As opiniões e os comentários feitos nesta publicação são pessoais e não representam necessariamente a opinião das instituições às quais os autores estejam vinculados.

Os direitos desta edição pertencem à LVM Editora, sediada na
Avenida das Nações Unidas, Nº 18.801, 4º Andar, Sala 407
Jardim Dom Bosco – São Paulo/SP – CEP: 04757-025
contato@lvmeditora.com.br

Editor-Chefe | Marcos Torrigo
Editores assistentes | Geizy Novais e Felipe Saraiça
Tradução | Equipe LVM
Copydesk e Preparação de originais | Roberta Sartori
Revisão | Sandra Scapin
Capa e Projeto gráfico | Mariângela Ghizellini
Diagramação | Décio Lopes

Impresso no Brasil, 2025

Dados Internacionais de Catalogação na Publicação (CIP)
Angélica Ilacqua CRB-8/7057

C921f	Craft, William, 1824-1900
	Fuga para a liberdade : uma jornada épica de um casal contra a escravidão / William Craft, Ellen Craft. - São Paulo : LVM Editora, 2025. 144 p. : il.
	ISBN 978-65-5052-270-4
	Título original: *Running a Thousand Miles for Freedom - The Escape of William and Ellen Craft from Slavery*
	1. Escravos fugitivos – Estados Unidos 2. Craft, William, 1824-1900 – Biografia 3. Craft, Ellen, 1826-1891 – Biografia I. Título
25-0585	CDD 301.450973

Índices para catálogo sistemático:
1. Escravos fugitivos – Estados Unidos

Reservados todos os direitos desta obra.
Proibida a reprodução integral desta edição por qualquer meio ou forma, seja eletrônica ou mecânica, fotocópia, gravação ou qualquer outro meio sem a permissão expressa do editor. A reprodução parcial é permitida, desde que citada a fonte.
Esta editora se empenhou em contatar os responsáveis pelos direitos autorais de todas as imagens e de outros materiais utilizados neste livro. Se porventura for constatada a omissão involuntária na identificação de algum deles, dispomo-nos a efetuar, futuramente, as devidas correções.

Os escravos não podem respirar
na Inglaterra: se seus pulmões
recebem nosso ar, naquele
momento eles são libertos;
eles tocam nosso país, e seus
grilhões caem.

COWPER (1731-1800)

PREFÁCIO À EDIÇÃO BRASILEIRA

O legado que vivemos

por Patrícia Silva[1]

Direta e indiretamente, os escravos fugitivos provavelmente fizeram mais para trazer a abolição da escravidão do que qualquer outro meio. O povo do Norte aprendeu diretamente da boca desses fugitivos — por meio das histórias estranhas, românticas, comoventes e trágicas que eles contaram... Eles aprenderam, com os sofrimentos desses fugitivos e com os esforços desesperados que fizeram para escapar, que, independentemente do que se dissesse em contrário, os escravos queriam ser livres.

Booker T. Washington (1856-1915)[2]

A história da fuga audaciosa de um casal de escravos americanos. É assim que eu descreveria o livro *Fuga para a Liberdade* escrito pelo casal William e Ellen Craft e publicado em 1860. Trata-se

---

1. Comunicóloga, pedagoga, escritora e produtora de conteúdo digital (@pretaderodinhas). Realizou pós-doutoramento em Sociologia pela Universidade Federal do Rio de Janeiro (UFRJ) em 2023. Autora dos livros *O mínimo sobre racismo no Brasil*, *Mulheres que o feminismo não vê – Classe e Raça*, *Corrupção da linguagem, corrupção do caráter* e *O que não te contaram sobre o movimento antirracista*.
2. Disponível em: https://www.scadmoa.org/sites/moa/files/2022-01/The-Crafts-Lesson-Plan-A-Thousand-Miles.pdf . Acesso em: 4 fev. 2025.

de uma obra autobiográfica, que narra a fuga do casal William e Ellen Craft da escravidão nos Estados Unidos. É um relato poderoso e emocionante, que combina elementos de aventura, crítica social e reflexão pessoal. O livro não dever ser percebido apenas como mais uma autobiografia; mas como um manifesto público e um testemunho histórico sobre um dos capítulos mais tristes da história da humanidade: a escravidão.

William e Ellen Craft nasceram na escravidão no estado da Geórgia, no Sul dos Estados Unidos. Ellen era filha de uma mulher escravizada e de seu dono branco, o que a fez ter uma pele clara. Esse fato foi crucial para o plano de fuga que eles elaboraram.

Em 21 de dezembro de 1848, o casal decidiu fugir para o Norte, onde a escravidão havia sido abolida ou, pelo menos, era menos severa. Eles elaboraram um plano audacioso: Ellen, por ser uma mulher negra de pele clara, se disfarçou de homem branco frágil e doente, um proprietário de escravos, enquanto William fingiu ser seu "escravo". Ellen cortou o cabelo, vestiu-se com roupas masculinas e usou óculos escuros para esconder seu rosto. Ela também enfaixou o braço para evitar ter de assinar documentos, já que era analfabeta.

Eles viajaram de trem e barco, passando por várias cidades do sul, até chegarem à Filadélfia, na Pensilvânia, um estado livre. A jornada foi extremamente arriscada, pois poderiam ser capturados a qualquer momento. No entanto, a estratégia inteligente e a coragem de Ellen ao se passar por um homem branco permitiram que eles chegassem em segurança ao Norte.

Após chegarem à Filadélfia, os Craft foram ajudados por abolicionistas, que os apoiaram em sua nova vida, e de lá partiram para Boston. Foi em Boston que realizaram sua cerimônia de casamento e até fizeram Ellen posar em seu traje de fuga, uma fotografia que foi amplamente divulgada pelos abolicionistas. Agora trabalhando e morando em Boston, durante os dois anos seguintes eles fizeram várias aparições públicas e discursos sobre sua fuga e as duras realidades da escravidão.

No entanto, a aprovação da Lei do Escravo Fugitivo, em 1850, permitia a captura e o retorno de escravos fugitivos mesmo em estados livres. Aqueles que escaparam seriam capturados e devolvidos aos seus últimos senhores. Um mês após essa legislação, os ex-senhores Ellen e William Craft, na Geórgia, enviaram dois caçadores de recompensas a Boston para sequestrá-los e devolvê-los. O movimento abolicionista, que criara o Comitê de Vigilância de Boston em resposta ao novo projeto de lei, decidiu proteger a família Craft a todo custo. Eles fugiram, então, para Nova Escócia, no Canadá, antes de embarcar para a Inglaterra, onde a escravidão já havia sido abolida. Ativistas ingleses deram as boas-vindas ao casal e forneceu-lhes recursos.

Na Inglaterra, William e Ellen Craft tornaram-se ativistas abolicionistas, discursando publicamente sobre suas experiências e ajudando a conscientizar as pessoas sobre os horrores da escravidão. Eles também receberam educação formal e tiveram cinco filhos.

Depois de se estabelecerem perto de Londres, cada um deles desenvolveu diversas atividades, que incluíam ensino e vários empreendimentos comerciais. William até viajou para o Reino de Daomé, agora conhecido como Benin, África, implorando aos reis que interrompessem o comércio de pessoas escravizadas.

Após o fim da Guerra Civil Americana e a abolição da escravidão com a 13ª Emenda em 1865, o casal Craft retornou aos Estados Unidos. Em 1870, arrendaram terras na Carolina do Sul, onde Ellen fundou uma escola, assim como fizera outro grande homem americano que também havia sofrido as mazelas da escravidão: Booker T. Washington. Em sua autobiografia, intitulada *Memórias de um Negro Americano*, Washington dedicou um capítulo à sua luta pela escolarização. Depois da abolição da escravidão, seu padrasto, de quem ele adotou o nome Washington, foi trabalhar nas minas do general Ruffner, na Virginia Ocidental, e Booker teve a oportunidade de trabalhar na casa do general, o que foi um avanço e uma possibilidade de acesso à educação:

> [...] Nos dois invernos que passei em casa dela [Viola Ruffner (1812-1903), esposa do general] obtive permissão para ir à escola uma hora por dia, durante alguns meses. Fiz, porém, a maior parte dos meus estudos à noite, sozinho ou auxiliado por mestres

eventuais. A sra. Ruffner interessou-se por mim e aprovou, com bondade, os esforços que eu fazia para me instruir. Em casa dela organizei a minha primeira biblioteca [...][3].

Em 1881, a partir do convite do general Samuel C. Armstrong, Booker fundou o Instituto Tuskegee. De acordo com Nei Lopes, o instituto era

> [...] mais que um simples educandário, pois conformava um grande centro comunal, com cursos especiais para profissionais como pastores, professores, fazendeiros, empreiteiros e melhoria do povo negro. E assim tornou-se a semente da atual Universidade Tuskegee [...][4].

Com a colaboração de sua esposa, professora Olivia A. Davidson (1854-1889), Booker desenvolveu o projeto da universidade. Suas propostas estavam assentadas no tripé "propriedade material, respeitabilidade social e instrução industrial". Assim, podemos perceber que a promoção da instrução entre os negros americanos era um desejo tanto de Ellen Craft quanto de Booker T. Washington. Em sua autobiografia, ele evidencia – e nos relembra – a necessidade e o valor da instrução.

William Craft, por sua vez, cultivou. Depois de uma única safra, a Ku Klux Klan queimou suas plantações.

---

3. WASHINGTON, Booker T. *Memórias de um negro americano*. Rio de Janeiro: Nova Fronteira, 2020, p.30.
4. WASHINGTON, Booker T. *Memórias de um negro americano*. Rio de Janeiro: Nova Fronteira, 2020, p.30.

Desapontado, mas persistente, o casal mudou-se novamente – dessa vez para Woodville, Geórgia. Lá, os Craft compraram 1.800 acres e, por mais de 18 anos, foram os únicos fazendeiros negros bem-sucedidos no condado. Em 1890, mudaram-se para Charleston, onde Ellen morreu no ano seguinte. William morreu nove anos depois, em 1900.

Fuga para a Liberdade foi escrito após o casal ter escapado para a Inglaterra, onde encontrou refúgio e segurança depois que a Lei do Escravo Fugitivo intensificou a perseguição a escravizados fugitivos mesmo em estados livres, tornando a vida de negros americanos livres e fugitivos extremamente perigosa. Apesar de incluir Ellen na autoria, a obra é uma narrativa em primeira pessoa, escrita por William Craft, o que dá ao texto um tom pessoal e íntimo, permitindo que o leitor se conecte emocionalmente com a história. A narrativa do casal Craft descreve não apenas a fuga, mas também a vida sob a escravidão e as dificuldades enfrentadas pelos negros americanos naquele contexto com um objetivo que já se evidencia no Prefácio do autor:

> Este livro não se destina a ser uma história completa da vida de minha esposa, tampouco da minha, apenas mero um relato da nossa fuga, juntamente com outros assuntos que, espero, possam ser o meio de criar em algumas mentes uma aversão mais profunda à prática pecaminosa e abominável de escravizar e brutalizar nossos semelhantes.

Além da reflexão pessoal que proporciona, *Fuga para a Liberdade* abre caminho a, pelo menos, cinco temas que perpassam áreas como filosofia, história, sociologia e antropologia, a saber: I. a escravidão como instituição desumana; II. a identidade; III. a luta pela liberdade; IV. o indivíduo como força motriz na luta abolicionista; e V. o legado que vivemos: lá, acolá e aqui.

I. A escravidão como instituição desumana

A escravidão é uma prática que remonta a milhares de anos, desempenhando um papel significativo na história de muitas civilizações ao redor do mundo. Tratou-se de "uma instituição mundial, entre raças e culturas mais díspares, que remonta a incontáveis milhares de anos"[5].

A partir do século xv, a expansão europeia levou à intensificação do comércio de escravos, inaugurando o tráfico transatlântico de escravos africanos – o tráfico transatlântico promovido por europeus durou quase quatro séculos; o tráfico de escravos promovido pelos muçulmanos na África durou treze séculos, de maneira ininterrupta[6]. A maioria dos milhões de homens traficados pelos islâmicos desapareceu devido ao tratamento desumano e à castração generalizada[7].

---

5. SOWELL, Thomas. *Raça e Cultura: uma visão mundial*. São Paulo: LVM Editora, 2024, p. 304.
6. SILVA, Patrícia. *O Mínimo sobre Racismo no Brasil*. Campinas: O Mínimo, 2024, p.11.
7. N'DIAYE, Tidiane. *O Genocídio Ocultado*: investigação histórica sobre o tráfico negreiro árabo-muçulmano. Lisboa: Gradiva, 2019, p. 8

Essas informações não nos deixam perder de vista quão desumana era a escravidão enquanto instituição. A obra *Fuga para a Liberdade*, de William e Ellen Craft, permite uma incursão subjetiva e pessoal na dinâmica perversa que havia na escravidão. A obra expõe de forma contundente, com descrições claras dos eventos e das emoções vividas pelo casal, as crueldades e injustiças do sistema escravista, destacando como essa instituição não apenas privava os indivíduos de sua liberdade, mas também os desumanizava, negando-lhes direitos básicos, dignidade e identidade.

A escravidão reduzia seres humanos a meras mercadorias, que podiam ser compradas, vendidas, trocadas ou descartadas. William Craft, em seu livro, descreve como os escravizados eram tratados à semelhança de objetos, sem nenhuma consideração por seus sentimentos, laços familiares ou aspirações. A separação de famílias, por exemplo, era comum, com pais, mães e filhos sendo vendidos para diferentes donos, sem nenhuma preocupação com os vínculos afetivos. O próprio William Craft passou por isso ao ser vendido para outro proprietário, tendo, assim, se separado de sua família: depois de vender os pais de Craft, seu proprietário vendeu mais três de seus irmãos. Em razão de problemas financeiros de seu proprietário, o banco assumiu a posse de William (16 anos) e de sua irmã (14 anos) e os enviou para leilão. Tendo tido negada a oportunidade de se despedir de sua irmã, William recordou-se de ter visto "lágrimas escorrendo por seu rosto" enquanto seu novo dono a levava embora[8].

O sistema escravista, sobretudo nos Estados Unidos, era mantido por meio de extrema violência, que incluía castigos físicos, torturas e humilhações públicas. Os escravizados eram privados de direitos básicos, como o direito à educação, à liberdade de movimento e até mesmo ao próprio nome. Eram tratados como seres inferiores, sem valor além de sua capacidade de trabalho. De acordo com Thomas Sowell,

> O rastro mais importante da escravidão talvez seja uma visão dolorosa da natureza humana, das terríveis consequências do poder desenfreado e das limitações inerentes ao poder como meio de atingir objetivos, mesmo quando são perseguidos "a todo o custo". Este legado, na verdade, pode ser uma apreciação mais aguçada da própria liberdade em si[9].

A escravidão foi um sistema econômico baseado na exploração do trabalho forçado. Os escravizados eram obrigados a trabalhar em condições brutais, sem remuneração ou direitos, para enriquecer seus donos. William Craft descreve como a ganância e o lucro eram as principais motivações por trás da escravidão. Em

---

8. Disponível em: https://www.nps.gov/people/william-craft.htm. Acesso em: 2 fev. 2025.
9. SOWELL, Thomas. *Raça e Cultura: uma visão mundial*. São Paulo: LVM Editora, 2024, p. 309.

Raça e Cultura, o economista Thomas Sowell afirma que o legado econômico da escravidão não foi tão grande como se pensa, uma vez que, em muitas partes do mundo, ter escravos era quase um luxo: "O Brasil, que importou várias vezes mais cativos do que os Estados Unidos, permaneceu relativamente atrasado até o fim da imigração europeia"[10]. Para Sowell,

> [...] entre as muitas consequências negativas, todavia, encontra-se um conjunto de atitudes contraproducentes em relação ao trabalho, tanto entre os escravos e os seus descendentes como entre os membros não escravos e os seus descendentes. "Trabalho é para negros e cães" é uma expressão brasileira que capta o espírito criado pela escravidão, e que não é desconhecido no Sul dos Estados Unidos ou entre os brancos na África do Sul[11].

O que estava envolvido ali não era mera preguiça, mas um sentimento positivo de estar acima de vários tipos de trabalho executados por escravos, ou uma aversão a qualquer tipo de esforço sob a direção de outros, porque estes também lembravam a escravidão.

William relata ainda os horrores que testemunhou e sofreu, mostrando como a violência era usada para aterrorizar e controlar os escravizados. Além da violência

---

10. SOWELL, Thomas. *Raça e Cultura: uma visão mundial*. São Paulo: LVM Editora, 2024, p. 298.
11. SOWELL, Thomas. *Raça e Cultura: uma visão mundial*. São Paulo: LVM Editora, 2024, p. 304.

física, a escravidão também causava traumas psicológicos profundos, como o medo constante, a perda de identidade e a sensação de impotência.

William e Ellen Craft, ao fugirem, reivindicam sua humanidade e dignidade, mostrando que os escravos eram indivíduos com sonhos, medos e aspirações. A fuga do casal foi um ato de resistência contra a desumanização da escravidão. Ao buscarem sua liberdade, eles reafirmam sua humanidade e recusam-se a aceitar o destino imposto pelo sistema escravista. A narrativa mostra que, apesar das tentativas de desumanizar os escravos, eles mantinham sua capacidade de sonhar, planejar e lutar por uma vida melhor.

A escravidão deixou um legado de desigualdades, trauma coletivo e injustiça social que persiste até hoje. Não é equivocado apontar a escravidão africana como uma explicação para o estabelecimento do racismo no Ocidente. Contudo, é incorreto afirmar que o racismo foi utilizado para justificar a escravidão[12], uma vez que esta foi uma instituição que atingiu grupos diversos na humanidade. Sobre isso, o economista Thomas Sowell diz o seguinte:

> [...] na medida em que a escravização em massa de europeus se tornou uma opção menos viável, uma parcela da maciça quantidade de africanos

---

12. SILVA, Patrícia. *O Mínimo sobre Racismo no Brasil*. Campinas: O Mínimo, 2024, p. 14.

que eram escravizados por outros africanos passou a ser transferida aos europeus. *O racismo nasceu dessa situação*[13].

[...] Embora não houvesse base religiosa para o racismo no mundo islâmico, a escravização maciça dos africanos subsaarianos por árabes e outros muçulmanos foi seguida por um desdém racial para com os negros no Oriente Médio – e seguiu, em vez de preceder, a escravização dos africanos, embora não tenha sido aparente nas relações anteriores dos árabes com os etíopes. Também no Ocidente, *o racismo foi promovido pela escravidão*, e não vice-versa[14].

A escravidão deixou, portanto, um legado de atitudes em relação a raça, bem como a trabalho, que vem prejudicando as antigas sociedades escravistas muito depois de a própria instituição ter sido destruída[15].

Não foi à toa que o grande Joaquim Nabuco (1849-1910) afirmou: "A escravidão permanecerá por muito tempo como a característica nacional do Brasil"[16]. O livro de William Craft é um lembrete bastante poderoso desse passado e de suas consequências.

---

13. SOWELL, Thomas. *Os Intelectuais e a Sociedade*. São Paulo: É Realizações, 2011, p. 479-80.
14. SOWELL, Thomas. *Raça e Cultura: uma visão mundial*. São Paulo: LVM Editora, 2024, p.273.
15. SOWELL, Thomas. *Raça e Cultura: uma visão mundial*. São Paulo: LVM Editora, 2024, p. 309.
16. NABUCO, Joaquim. *O Abolicionismo*. São Paulo: Montecristo, 2022, p. 1.

II. A identidade

A história de Ellen Craft, que se disfarça de homem branco, é um exemplo fascinante de como a identidade pode ser usada como uma forma de resistência. A estratégia utilizada pelo casal desafia as categorias rígidas de raça, sexo e classe social, questionando as bases do sistema escravista, e evidencia, sobretudo, como a identidade racial é socialmente construída e manipulável dentro de determinados códigos culturais.

Negros de pele clara que conseguem se passar por brancos não eram (e não são!) incomuns, e esse fenômeno está inserido em todo um debate gerado a partir do conceito de colorismo, termo cunhado em 1982 pela romancista norte-americana Alice Walker, no livro *Em busca dos jardins de nossas mães*. O conceito é assim definido:

> Colorismo, em minha definição, é tratamento prejudicial ou preferencial de pessoas da mesma raça com base somente em sua cor. Talvez você se lembre que falávamos da hostilidade de que muitas negras de pele escura sentem em relação a mulheres negras de pele clara. [...] O que interessa às mulheres negras de pele mais escura, eu acho, é uma percepção mais apurada por parte das negras de pele clara de que elas são capazes, muitas vezes de modo inconsciente, de magoá-las; e até que a questão do colorismo [...] seja abordada em nossas comunidades e, de forma definitiva, em nossas "irmandades negras", não poderemos progredir como um povo. Pois o

colorismo [...] nos impedirá. [...] é provável que haja tantas diferenças entre a vida de uma mulher negra de pele escura e de uma mulher negra de pele clara quanto há entre uma mulher negra de pele clara e uma mulher branca. E vivo preocupada com o ódio com o qual essas mulheres de pele mais escura se deparam dentro da comunidade negra [...][17].

Ironicamente, muito do que aprendi sobre raça deve-se ao fato de eu ter uma filha mestiça. Por ela ter a pele mais clara, o cabelo mais liso do que o meu, sua vida – nessa sociedade racista, colorista – é infinitamente mais fácil[18].

O filme *Identidade*, baseado no romance *Passing* (1929), de Nella Larsen (1891-1964), *é* uma excelente obra para refletir sobre colorismo. As protagonistas do filme, que é ambientado na década de 1920, são duas mulheres negras: Irene (interpretada por Tessa Thompson), é uma dona de casa que durante um passeio pelo "lado branco" da cidade, que ela normalmente não frequenta, reencontra a amiga de infância Claire (interpretada por Ruth Negga). Irene é casada com um médico negro, vive uma vida de classe média, e fica surpresa – e um pouco horrorizada – ao descobrir que a amiga se passa por branca e se casou com um banqueiro racista (interpretado por Alexander Skarsgard).

---

17. WALKER, Alice. Em *Busca dos Jardins de Nossas Mães: prosa mulherista*. Rio de Janeiro: Bazar do Tempo, 2021, p. 259.
18. WALKER, Alice. Em Busca *dos Jardins de Nossas Mães: prosa mulherista*. Rio de Janeiro: Bazar do Tempo, 2021, p. 260.

Há anos, Claire se passa por uma mulher branca para fugir do preconceito e ter condições de vida melhores. Irene é mais consciente e acuada por todas as situações racistas que já viveu, enquanto Claire é muito mais extrovertida e alegre, resultado de um estilo de vida que lhe permitiu não ter tanto medo da própria existência. Em uma cena, Claire pergunta à Irene: *"você nunca pensou em se passar por branca?"*. Incomodada, Irene responde que não, com um *"talvez por conveniência"*. Desejar a possibilidade de "passar-se por branco por conveniência" é a tônica da discussão sobre colorismo.

Reflita: por que ambas pensam que é conveniente se passar por branca?

A minissérie *A Vida e a História de Madam C. J. Walker* pode ajudar em tal reflexão. Nela temos a história de Madam C. J. Walker, nascida Sarah Breedlove (1867-1919) – a primeira mulher negra se tornar milionária nos Estados Unidos (interpretada por Octavia Spencer). Sua fortuna é resultado de seu empreendimento na área de beleza e ela foi uma das pioneiras no segmento de cosméticos. Na trama, a personagem fictícia Addie Monroe (interpretada por Carmen Ejogo) é uma alusão a outra mulher negra, Annie Malone (1869-1957), que também foi empresária da indústria de cosméticos e, segundo a história, adversária comercial de Madam C. J. Walker. Todavia, essa personagem fictícia é interpretada por uma mulher negra de pele clara, enquanto fontes históricas mostram que Annie Malone, a quem ela se refere, foi uma mulher negra retinta, assim como Madam C. J. Walker. Essa escolha extrapolou o enredo da disputa comercial entre as duas para uma disputa pessoal, e a tonalidade da cor da pele foi um elemento nessa disputa. Na minissérie, antes de se tornarem adversárias comerciais, Madam C. J. Walker tentou trabalhar como vendedora na indústria de Addie Monroe, que se recusou a empregá-la por ela ser negra retinta: *"Mesmo em suas roupas de domingo, parece que você saiu de uma plantação"*. Addie tinha vendedoras negras de pele clara e as orientava a convencer suas clientes de que, usando o produto, ficariam iguais a elas: *"Mulheres de cor fazem qualquer coisa para se parecerem comigo, mesmo que no fundo saibam que não vão"*, afirmava. O desejo que as clientes de Addie tinham de parecer mais claras e com cabelos menos crespos tem um motivo: quanto mais escura for uma pessoa, mais discriminação ela sofrerá.

No início do século XX, a indústria de cosméticos cresceu, entre outros fatores, graças ao desejo de mulheres negras retintas ficarem aparentemente mais claras e mais próximas do fenótipo branco para serem socialmente aceitas. Guardadas as proporções, esse fenômeno permanece até hoje. É o que chamamos de colorismo.

O disfarce de Ellen Craft também envolve questões de sexo, pois ela se veste como um homem para não levantar suspeitas. Esse aspecto destaca a performance de sexo (masculino/feminino), mostrando como papéis de masculinidade e feminilidade podem ser assumidos de forma estratégica. A travessia de Ellen, tanto literal quanto simbólica, desafia as normas sociais da época impostas a cada sexo.

Ao se passarem por homem branco rico (Ellen) e por "escravo" (William), o casal atua temporariamente em papéis distintos daqueles que ocupam na hierarquia social. Isso expõe a maneira como a classe, assim como raça e sexo, pode ser performada e dependente de marcadores visuais e comportamentais reconhecidos socialmente. A fragilidade dessas construções é evidenciada quando um simples comportamento ou uma indumentária (como a maneira de falar ou o uso de um lenço) pode validar ou colocar em dúvida a identidade de um indivíduo

O ato de planejar e executar a fuga é, por si só, um potente exercício de agência sobre a própria identidade. Em um sistema que nega a subjetividade dos escravos, os Craft defenderam o direito de definir quem são, recusando as identidades impostas pela escravidão.

III. A luta pela liberdade

Não há dúvidas de que, apesar das temáticas levantadas, o tema central do livro seja a busca pela liberdade. A fuga do casal é uma jornada tanto física quanto simbólica, que representa a resistência contra a opressão e a determinação de viver uma vida genuinamente autônoma.

A narrativa elaborada pelo casal Craft dá conta de mostrar como a liberdade não é apenas uma questão de escapar das correntes físicas, mas também de superar o medo, a desumanização e a violência psicológica da escravidão.

O fim da escravidão, que durou milhares de anos no mundo e atingiu diferentes grupos étnicos ou raciais, se deu mediante uma

> [...] repulsa moral contra a escravidão que começou no final do século XVIII no país que foi a maior nação de comércio de escravos de sua época, com colônias de plantações altamente lucrativas – a Grã-Bretanha. [...] A mobilização da opinião pública na Grã-Bretanha contra o comércio de pessoas produziu pressões políticas tão poderosas e duradouras, que gerações sucessivas de governos britânicos se viram forçadas a levar o esforço antiescravatura mais e mais até a sua conclusão lógica – primeiro, abolir o comércio internacional, depois a escravidão em todo o Império Britânico, e, por fim, pressionar, aliciar e coagir outras nações a fazerem o mesmo[19].

A luta pela liberdade, enquanto valor em si mesmo, mobilizou uma da rede de abolicionistas das mais diferentes origens e/ou matrizes políticas e ideológicas. Foi essa rede que ajudou o casal Craft durante e após sua fuga. Essa solidariedade é um contraponto importante

---

19. SOWELL, Thomas. *Raça e Cultura: uma visão mundial*. São Paulo: LVM Editora, 2024, p. 293.

à desumanização da escravidão, mostrando que a luta pela liberdade é coletiva e a superação da opressão é batalha suprapartidária.

A discussão acadêmica sobre a instituição da escravidão é permeada por colocações antiocidentais feitas por intelectuais ocidentais filiados a determinadas escolas de pensamento. Na realidade, "as sociedades não-ocidentais jamais desenvolveram o zelo cruzado que levou à destruição [escravidão]"[20]. Ironicamente, a escravidão foi abolida material e moralmente com a utilização do esmagador poder militar do Ocidente, que, combinado com o prestígio da civilização ocidental, chegou a tal resultado.

IV. O indivíduo como força motriz da luta abolicionista

Por meio da coragem, da inteligência, da resistência e da agência de William e Ellen Craft, o indivíduo é retratado como a força motriz da luta abolicionista na obra *Fuga para a Liberdade*. A escolha narrativa do casal enfatiza como ações individuais podem desafiar sistemas opressores e inspirar transformações sociais mais amplas.

William e Ellen não esperam por resgates externos ou mudanças institucionais; eles planejam e executam sua fuga com astúcia e determinação, demonstrando que o indivíduo que estava sendo escravizado *não foi* passivo,

---

20. SOWELL, Thomas. *Raça e Cultura: uma visão mundial*. São Paulo: LVM Editora, 2024, p. 296.

mas sim um agente ativo na busca por sua liberdade. O plano elaborado por eles é uma prova da capacidade de ação estratégica mesmo sob extrema opressão.

Embora a narrativa foque na trajetória do casal, ela transcende o caso particular, simbolizando a luta de milhares de pessoas escravizadas. O ato de resistência do casal Craft representa um microcosmo da luta abolicionista, onde cada fuga, cada ato de desobediência, é uma fissura no sistema escravocrata. E é por isso que o estudo de trajetórias individuais tem ocupado cada vez mais lugar na historiografia. De acordo com o historiador Thiago Krause, citado em matéria de Juliana Sayuri para a *BBC News Brasil*,

> [...] o estudo de trajetórias individuais tem sido uma estratégia recorrente na historiografia. Não se trata de investigar uma pessoa por sua importância intrínseca, mas de, através de um "causo" como esse, refletir sobre temáticas mais amplas. [...] Esses casos têm, portanto, duas funções: uma heurística, ao usar uma documentação excepcional [...] para explorar questões mais gerais que usualmente não ficam registradas na documentação; a outra de comunicação, pois narrativas pessoais podem ser apreendidas com mais facilidade pelos leitores, pois é mais fácil desenvolver empatia por indivíduos do que por grupos abstratos[21].

---

21. SAYURI, Juliana. "A luta de um homem negro pela liberdade entre Caribe, Brasil, África e Europa". *BBC News Brasil*, 10 abr. 2021. Disponível em: https://www.bbc.com/portuguese/geral-56205439. Acesso em: 3 fev. 2025.

Também citada na mesma publicação, a historiadora norte-americana Elena Schneider defende a importância de dar visibilidade a tais trajetórias:

> São milhares de anônimos, escravizados, torturados. Pessoas sistematicamente silenciadas que, quando tiveram a oportunidade de contar sua história de vida, elas contaram. O registro ficou. Devemos escavar esses arquivos para tornar essas histórias conhecidas.

Ao publicar suas memórias, o casal Craft transforma sua experiência particular em um forte instrumento da causa abolicionista. O relato em primeira pessoa confere legitimidade e urgência à luta abolicionista, de maneira a sensibilizar leitores que talvez não se comovessem com discursos políticos que defendem ideias aparentemente abstratas, como liberdade. A história do casal mostra como a vivência pessoal pode ser utilizada como uma ferramenta de persuasão moral e política.

V. O legado que vivemos: lá, acolá e aqui

O estudo de trajetórias individuais de escravos permite que tenhamos um entendimento mais profundo da escravidão como instituição. A autobiografia do casal Craft soma-se ao conjunto de autobiografias de ex-escravos, como Booker T. Washington, Northup (1808-1863) e Esperança Garcia (c. 1751-?).

Em relação a Solomon Northup, sua autobiografia, publicada em 1853, deu origem ao filme *Doze Anos de Escravidão*, lançado em 2013, que venceu o Oscar na categoria Melhor Filme. A obra narra a história real de Northup (interpretado por Chiwetel Ejiofor), um homem negro livre que vivia em Nova York e foi sequestrado em 1841, sendo vendido ilegalmente como escravo. Ele passou doze anos em cativeiro, em plantações no estado americano de Louisiana, até conseguir recuperar sua liberdade. A obra é um relato impactante das condições brutais da escravidão nos Estados Unidos, expondo não apenas a violência física, mas também a desumanização sistemática imposta aos escravos; registra um testemunho histórico do que aconteceu do lado de *lá*.

Em uma situação similar àquela vivida por Northup, temos a trajetória de João José, relatada em matéria já citada de Juliana Sayuri para a *BBC News Brasil*. De acordo com Sayuri, João José[22] era um homem negro, nascido livre em Havana, Cuba, que foi aprisionado e escravizado. Ele foi escravizado três vezes!

Filho de pais livres e pobres, ele trabalhava no porto de Havana, onde foi aprisionado por um navio inglês. Feito escravo, trabalhou nessa embarcação por um tempo, até aportar na ilha de São Tomé, uma colônia portuguesa na costa africana, e então conseguiu fugir; porém, tão logo foi encontrado pelos portugueses, ele

---

22. As informações sobre João José presentes neste texto foram extraídas do artigo de Juliana Sayuri publicado pela *BBC News Brasil*: "A luta de um homem negro pela liberdade entre Caribe, Brasil, África e Europa". Disponível em: https://www.bbc.com/portuguese/geral-56205439. Acesso em: 3 fev. 2025.

voltou a ser preso porque não tinha documento que atestasse sua liberdade, o qual era exigido de pessoas negras à época. Foram meses na prisão, até ser vendido como escravo ao vigário-geral Manoel Luiz Coelho, que, posteriormente, o alforriou e o levou para o Rio de Janeiro na condição de homem livre.

Quando da morte de Coelho, a casa deste ficaria com João José, mas isso desagradou o cônego Domingos Luís Coelho, irmão do vigário-geral, que lhe tomou a carta alforria e pediu ao governador que o prendesse, no que foi prontamente atendido. Com grilhões nos pés e no pescoço, João José foi vendido como escravo mais uma vez, então para um capitão francês que o levou à Europa. Aí, fugindo de porto em porto, chegou a Lisboa em 1739, quando registrou um requerimento ao rei de Portugal Dom João 5º, reivindicando sua liberdade, no que foi atendido. Tal documento encontra-se no Arquivo Histórico Ultramarino de Portugal.

Segundo o historiador Rodrigo de Aguiar Amaral,

> O caso de José indica hierarquia e ilustra estratégias das relações dentro dessa estrutura de escravidão. Ele foi arrematado por um vigário, que lhe concedeu alforria – muitos senhores prometiam, e muitas vezes cumpriam, dar liberdade a seus escravos, como um tipo de negociação, o que fortalecia um vínculo entre eles. [...] Depois de passar pelo Rio e das demais reviravoltas, ele não pediu piedade a qualquer um, mas foi direto ao rei de Portugal, no topo da hierarquia, alguém que poderia ordenar, e ser obedecido, pelos

demais: o governador de São Tomé, o ouvidor e, por fim, o irmão do vigário para libertá-lo.[23]

Se a história de João José ilustra um exemplo de casos de *acolá*, a trajetória de Esperança Garcia representa um caso *daqui*. Em 1770, Esperança Garcia, uma mulher negra e escravizada, escreveu uma carta ao presidente da Capitania de São José do Piauí (uma Capitania portuguesa criada em 1718, desmembrada da capitania do Maranhão). Sua carta denunciava os maus-tratos que ela, suas companheiras e seus filhos sofriam. Também reclamava do fato de ter sido separada de seu marido e do impedimento de batizar as crianças.

A carta de Esperança, redigida em 6 de setembro de 1770, dizia o seguinte:

> Eu sou uma escrava de Vossa Senhoria da administração do Capitão Antônio Vieira do Couto, casada. Desde que o capitão lá foi administrar que me tirou da fazenda algodões, onde vivia com o meu marido, para ser cozinheira da sua casa, ainda nela passo muito mal. A primeira é que há grandes trovoadas de pancadas em um filho meu sendo uma criança que lhe fez extrair sangue pela boca, em mim não posso explicar que sou um colchão de pancadas, tanto que cai uma vez do sobrado abaixo peiada; por misericórdia de Deus escapei. A segunda estou eu e

---

23. SAYURI, Juliana. "A luta de um homem negro pela liberdade entre Caribe, Brasil, África e Europa". *BBC News Brasil*, 10 abr. 2021. Disponível em: https://www.bbc.com/portuguese/geral-56205439. Acesso em: 3 fev. 2025.

mais minhas parceiras por confessar há três anos. E uma criança minha e duas mais por batizar. Peço a Vossa Senhoria pelo amor de Deus ponha aos olhos em mim ordinando digo mandar ao procurador que mande para a fazenda aonde me tirou para eu viver com meu marido e batizar minha filha[24].

Essa carta foi encontrada em 1979 no Arquivo Público do Piauí, pelo historiador Luiz Mott. A descoberta de sua reivindicação fez de Esperança um verdadeiro símbolo da luta por direitos e resistência negra. É, provavelmente, o documento mais antigo de reivindicação de mulher negra escravizada dirigido a uma autoridade. De acordo com matéria publicada no website Consultor Jurídico[25], em 2017, Esperança Garcia foi reconhecida pela seccional do Piauí da Ordem dos Advogados do Brasil (OAB) como a primeira advogada piauiense, e em 2022 foi reconhecida pelo Conselho Pleno da OAB como a primeira advogada brasileira. Ainda de acordo com a mesma fonte, tem-se que a OAB do Piauí considerou a carta de Esperança o primeiro Habeas Corpus. E em sua homenagem, o dia 6 de setembro – data da carta – foi instituído como o Dia Estadual da Consciência Negra no Piauí.

---

24. Disponível em: https://s.oab.org.br/arquivos/2023/03/f9bc5644-8c87-4a-06-bf27-f33e9733b211.pdf. Acesso em: 2 fev. 2025.
25. REDAÇÃO. "Negra e escravizada é reconhecida como a primeira advogada do país". *ConJur*, 26 nov. 2022. Disponível em: https://www.conjur.com.br/2022-nov-26/negra-escravizada-reconhecida-primeira-advogada-pais/. Acesso em: 2 fev. 2025.

Em vista de tudo o que foi apresentado neste Prefácio, estimo que a publicação da obra *Fuga para a Liberdade* em língua portuguesa contribuirá para a preservação de memórias que poderiam ter sido injustamente apagadas pela história oficial. Histórias de pessoas como o casal Craft continuam a inspirar movimentos de direitos civis e debates sobre justiça social até hoje. Como nos ensina Thomas Sowell, "a escravidão não pode ser esquecida nem perdoada"[26].

---

26. SOWELL, T. *Raça e Cultura: uma visão mundial.* São Paulo: LVM Editora, 2024, p. 304.

PREFÁCIO

Tendo ouvido, enquanto estávamos na escravidão, que "Deus fez de um só sangue todas as nações dos homens" e também que a Declaração de Independência dos Estados Unidos diz que "Consideramos estas verdades autoevidentes, que todos os homens são criados iguais; que são dotados por seu Criador de certos direitos inalienáveis; que entre estes estão a vida, a liberdade e a busca da felicidade", não conseguíamos compreender de onde vinha o direito segundo o qual éramos considerados "bens móveis". Portanto, nos sentimos perfeitamente justificados em empreender a perigosa e empolgante tarefa de "correr mil milhas" a fim de alcançarmos esses direitos tão vividamente estabelecidos na Declaração.

Peço àqueles que desejam conhecer os detalhes de nossa jornada que leiam estas páginas.

Este livro não se destina a ser uma história completa da vida de minha esposa, tampouco da minha, apenas mero um relato da nossa fuga, juntamente com outros assuntos que, espero, possam ser o meio de criar em algumas mentes uma aversão mais profunda à prática pecaminosa e abominável de escravizar e brutalizar nossos semelhantes.

Sem parar para escrever um longo pedido de desculpas por oferecer este pequeno volume ao público, começarei imediatamente a contar minha história simples.

W. Craft
12, Cambridge Road, Hammersmith, Londres

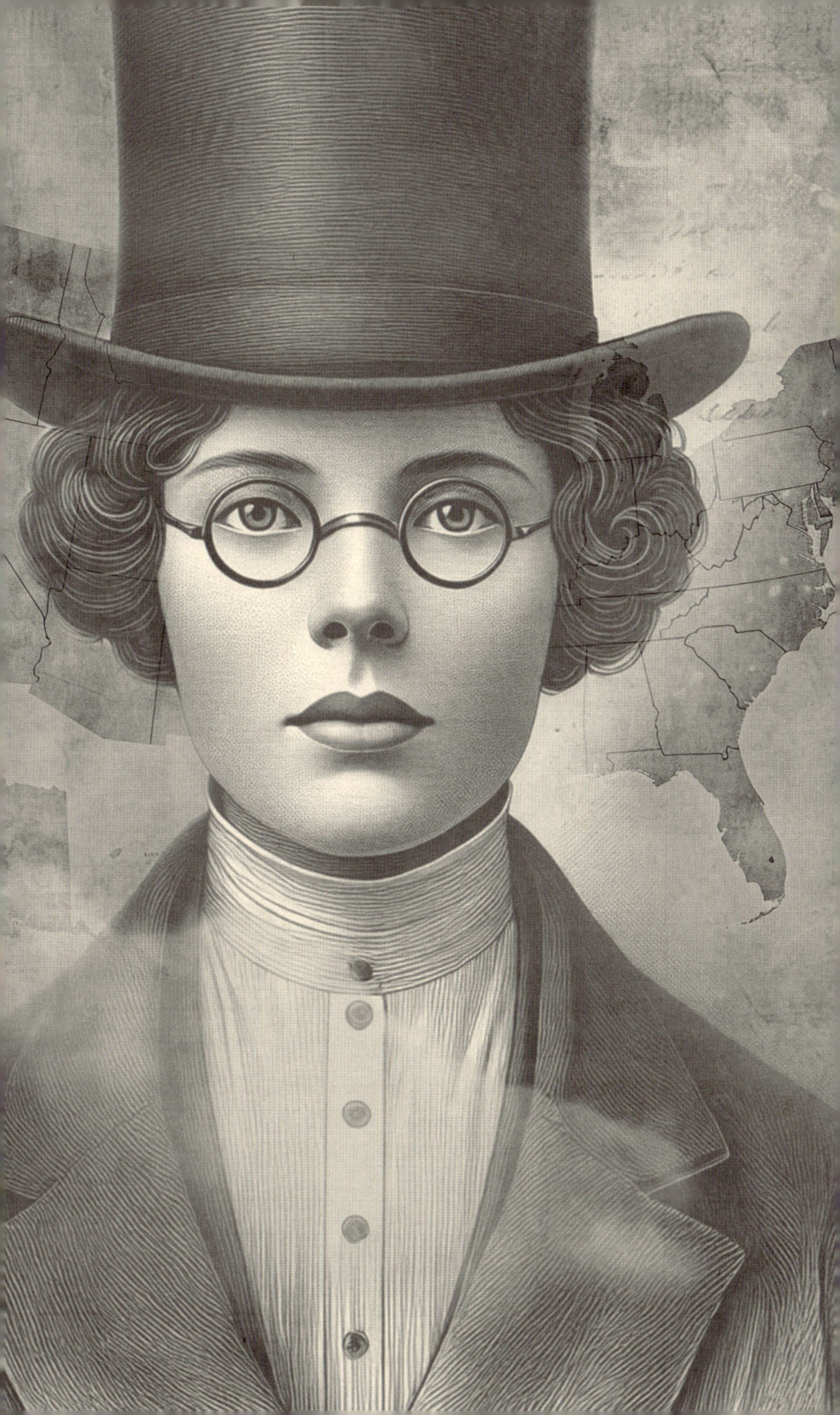

PARTE I

*Deus nos deu apenas sobre animais, peixes e aves o
domínio absoluto; esse direito nós mantemos,
por sua doação. Mas homem sobre homem
ele não fez senhor; tal título para si mesmo
reservando, humano deixado livre de humano.*

MILTON

Minha esposa e eu nascemos em cidades diferentes do estado da Geórgia, que é um dos principais estados escravagistas. É verdade que nossa condição de escravos não era, de forma alguma, a pior; mas a simples ideia de que éramos mantidos como bens móveis e privados de todos os direitos legais – a ideia de que tínhamos que entregar nossos ganhos a um tirano para que ele pudesse viver na ociosidade e no luxo –, a ideia de que não podíamos chamar de nossos os ossos e tendões que Deus nos deu, mas, acima de tudo, o fato de que outro homem tinha o poder de arrancar de nosso berço o bebê recém-nascido e vendê-lo num matadouro como um animal, e depois nos açoitar se levantarmos um dedo para salvá-lo de tal destino, nos assombrou por anos.

Mas, em dezembro de 1848, surgiu um plano que se mostrou bastante bem-sucedido e, oito dias depois de ter sido pensado pela primeira vez, estávamos livres dos horríveis grilhões da escravidão, regozijando-nos e louvando a Deus sob o glorioso sol da liberdade.

O primeiro senhor de minha esposa foi seu pai, e sua mãe foi escrava dele, e esta última ainda é escrava de sua viúva.

Apesar de minha esposa ser de origem africana por parte de mãe, ela é quase branca – na verdade, ela é tão branca que a velha senhora tirânica a quem ela pertencia ficava muito irritada por vê-la frequentemente confundida com uma criança da família que a deu de presente de casamento a uma filha aos onze anos de idade. Isso separou minha esposa de sua mãe e também de vários outros amigos queridos. Mas a crueldade incessante de sua antiga senhora fez com que a mudança de dono ou de tratamento fosse tão desejável, que ela não reclamou muito dessa separação cruel.

Deve-se lembrar que a escravidão nos Estados Unidos, de forma alguma, se limita a pessoas de uma determinada cor de pele; há um número muito grande de escravos tão brancos quanto qualquer um. Entretanto, como o testemunho de um escravo não é admitido no tribunal contra uma pessoa branca livre, é quase impossível para uma criança branca, depois de ter sido sequestrada e vendida ou reduzida à escravidão, em uma parte do país onde não é conhecida (como é frequentemente o caso), recuperar sua liberdade.

Eu mesmo conversei com vários escravos que me disseram que seus pais eram brancos e livres, mas que eles tinham sido roubados e vendidos quando ainda eram bem jovens. Como não podiam dizer seu endereço, e também como os pais não sabiam o que tinha sido feito de seus queridos filhos perdidos, é claro que todos os vestígios uns dos outros desapareceram.

Os fatos a seguir são suficientes para provar que aquele que tem o poder e é desumano o suficiente para pisotear os direitos sagrados dos fracos não se importa com raça ou cor.

Em março de 1818, três navios chegaram a Nova Orleans, trazendo várias centenas de imigrantes alemães da província da Alsácia, no baixo Reno. Entre eles estavam Daniel Muller e suas duas filhas, Dorothea e Salomé, cuja mãe havia morrido durante a travessia. Logo após sua chegada, Muller, levando consigo suas duas filhas, ambas crianças pequenas, subiu o rio até a paróquia de Attakapas, a fim de trabalhar na plantação de John F. Miller. Algumas semanas depois, seus parentes, que haviam permanecido em Nova Orleans, souberam que ele havia morrido de febre no país. Eles imediatamente mandaram buscar as duas meninas, mas elas haviam desaparecido, e os parentes, apesar de repetidas e perseverantes investigações e pesquisas, não conseguiram encontrar nenhum vestígio delas. Por fim, elas foram dadas como mortas. Nunca mais se ouviu falar de Dorothea, tampouco de Salomé, de 1818 a 1843.

No verão daquele ano, madame Karl, uma mulher alemã que tinha vindo no mesmo navio que os Muller, estava passando por uma rua de Nova Orleans e, acidentalmente, viu Salomé em uma loja de vinhos que pertencia a Louis Belmonte, de quem ela era escrava. Madame Karl reconheceu-a imediatamente e a levou para a casa de outra mulher alemã, a senhora Schubert, que era prima e madrinha de Salomé, e que, assim que a viu, sem ter nenhum indício de que a descoberta havia sido feita anteriormente, exclamou sem hesitar:

– Meu Deus! Aqui está Salomé Muller há muito perdida.

O *Law Reporter*, em seu relato sobre esse caso, diz:

> Todos os emigrantes alemães de 1818 que puderam ser reunidos foram levados à casa da senhora Schubert, e todos os que se lembravam da garotinha durante a viagem, ou que conheceram seu pai e sua mãe, imediatamente identificaram a mulher diante deles como a, há muito perdida Salomé Muller. Por meio de todas essas testemunhas, que compareceram ao julgamento, a identidade foi totalmente estabelecida. A semelhança familiar em todas as características foi declarada tão impressionante, que algumas das testemunhas não hesitaram em dizer que a conheceriam entre dez mil; que estavam tão certos quanto de sua própria existência de que a autora da ação era Salomé Muller, filha de Daniel e Dorothea Muller.

Entre as testemunhas que compareceram ao tribunal estava a parteira que assistiu ao nascimento de Salomé. Ela testemunhou a existência de certas marcas peculiares no corpo da criança, que foram encontradas, exatamente como descritas, por cirurgiões que foram nomeados pelo tribunal para fazer um exame para essa finalidade.

Não havia vestígios de descendência africana em nenhuma característica de Salomé Muller. Ela tinha cabelos longos, lisos e pretos, olhos cor de avelã, lábios finos e nariz romano. A tez de seu rosto e pescoço era tão escura quanto a de uma morena mais escura. Parece, no entanto, que, durante os 25 anos de sua servidão, ela esteve exposta aos raios solares no clima quente da Louisiana, com a cabeça e o pescoço desprotegidos, como é costume entre as escravas, enquanto trabalhava campos de algodão ou de açúcar. As partes de seu corpo que haviam sido protegidas do sol eram, quando comparadas, brancas.

Belmonte, o pretenso proprietário da menina, obteve a posse dela por meio de um ato de venda de John F. Miller, o fazendeiro a serviço do qual o pai de Salomé morreu. Esse tal Miller era um homem de consideração e substância, dono de grandes propriedades açucareiras e com grande reputação de honra e honestidade, e de tratamento tolerante com seus escravos. Foi testemunhado no julgamento que ele havia dito a Belmonte, algumas semanas após a venda de Salomé, "que ela era branca e tinha tanto direito à liberdade quanto qualquer outra pessoa, e só deveria ser mantida na escravidão por meio de cuidados e tratamento gentil". O corretor que negociou a venda de Miller para Belmonte, em

1838, testemunhou no tribunal que ele pensava, e ainda achava, que a garota era branca!

O caso foi discutido de forma elaborada por ambos os lados, mas acabou sendo decidido em favor da menina, com a Suprema Corte declarando que "ela era livre e branca e que, portanto, fora ilegalmente mantida em cativeiro".

O reverendo George Bourne, da Virgínia, em seu *Picture of Slavery* [*Retrato da Escravidão*], publicado em 1834, relata o caso de um menino branco que, aos sete anos de idade, foi roubado de sua casa em Ohio, bronzeado e manchado de tal forma que não podia ser distinguido de uma pessoa de cor, e depois vendido como escravo na Virgínia. Aos vinte anos de idade, ele conseguiu escapar e, felizmente, conseguiu se reunir com seus pais.

Conheci pessoas brancas desprezíveis, que venderam seus próprios filhos livres para a escravidão; e como em todos os lugares existem pessoas brancas e de cor que não servem para nada, talvez ninguém se surpreenda com essas transações desumanas, especialmente nos Estados do Sul da América, onde acredito que haja mais falta de humanidade e princípios elevados entre os brancos do que entre qualquer outro povo civilizado do mundo.

Sei que aqueles que não estão familiarizados com funcionamento da "singular instituição" dificilmente podem imaginar alguém tão totalmente desprovido de todo afeto natural a ponto de vender sua própria prole para uma escravidão sem retorno. Mas Shakespeare, esse grande observador da natureza humana, diz:

> Com cautela, julgue as probabilidades.
> Coisas consideradas improváveis, até impossíveis,
> A experiência, muitas vezes, nos mostra serem verdadeiras.

A nova senhora de minha esposa era decididamente mais humana do que a maioria das de sua classe. Minha esposa sempre lhe deu crédito por não a ter exposto a muitas das piores características da escravidão. Por exemplo, é uma prática comum nos estados escravocratas que as senhoras, quando irritadas com suas empregadas, as enviem para a masmorra da casa de açúcar, ou para algum outro lugar estabelecido com o propósito de punir escravos, e as açoitem severamente; e lamento que seja um fato que os vilões para os quais essas criaturas indefesas são enviadas não apenas as açoitem como são ordenados, mas frequentemente as obriguem a se submeter à maior indignidade. Oh! Se há alguma coisa sob o amplo toldo do céu, horrível o suficiente para agitar a alma de um homem e fazer seu sangue ferver, é o pensamento de sua querida esposa, sua irmã desprotegida ou suas jovens e virtuosas filhas, lutando para se salvar de cair como presa de tais demônios!

Sempre me parece estranho que alguém que não tenha nascido escravocrata e que não esteja profundamente imerso na atmosfera desmoralizante dos estados do Sul possa, de alguma forma, atenuar a escravidão. É ainda mais surpreendente ver senhoras virtuosas olhando com paciência e permanecendo indiferentes à existência de um sistema que expõe quase dois milhões de pessoas de seu próprio sexo da maneira que mencionei, e isso também em um país professamente livre e cristão. Há, no entanto, um grande consolo em saber que Deus é justo e não permitirá que o opressor dos fracos e o espoliador dos virtuosos escapem impunes aqui e no futuro.

Acredito que uma retribuição semelhante à que destruiu Sodoma está pairando sobre os escravagistas. Minha sincera oração é que eles não provoquem Deus, ao persistir em um curso imprudente de iniquidade, a derramar sua ira consumidora sobre eles.

Agora preciso voltar à nossa história.

Meu antigo dono tinha a reputação de ser um homem muito humano e cristão, mas ele não se importou em vender meu pobre pai e minha querida mãe, já idosos, em momentos diferentes, a pessoas diferentes, para serem arrastados e nunca mais se verem, até que fossem convocados a comparecer perante o grande tribunal do céu. Mas, oh! que encontro feliz será naquele dia para essas almas fiéis. Digo um encontro feliz, porque nunca vi pessoas mais dedicadas ao serviço de Deus do que elas. Mas como ficará o caso daqueles imprudentes traficantes de carne e sangue humanos, que cravaram o venenoso punhal da separação naqueles corações amorosos que Deus havia unido intimamente por tantos anos – ou melhor, selado, por assim dizer, com suas próprias mãos para as cortes eternas do céu? Não cabe a mim dizer o que acontecerá com esses tiranos sem coração. Devo deixá-los nas mãos de um Deus todo-sábio e justo, que, em seu devido tempo e à sua maneira, vingará os erros cometidos contra seu povo oprimido.

Meu antigo senhor também vendeu um irmão e uma irmã queridos, da mesma forma que fez com meu pai e minha mãe. A razão que ele deu para se desfazer de meus pais, bem como de vários outros escravos idosos, foi que "eles estavam ficando velhos e logo se tornariam sem valor no mercado e, portanto, ele pretendia vender todo o estoque antigo e comprar um lote jovem". Uma conclusão muito vergonhosa para um homem que fazia grandes declarações religiosas!

Essa conduta vergonhosa me deu um ódio profundo, não pelo verdadeiro cristianismo, mas pela piedade escravagista.

Meu antigo senhor, então, desejando aproveitar ao máximo o restante de seus escravos, colocou um irmão e eu como aprendizes de ofícios: ele para ferreiro e eu para marceneiro. Se um escravo tiver um bom ofício, ele o aluga ou vende por mais do que uma pessoa que não tenha, e muitos proprietários de escravos ensinam ofícios aos seus escravos por causa disso. Mas antes que nosso tempo expirasse, meu antigo patrão queria dinheiro; então ele vendeu meu irmão e hipotecou minha irmã, uma menina querida com cerca de quatro anos de idade, e a mim, então com cerca de dezesseis anos, a um dos bancos, a fim de conseguir dinheiro para especular com algodão. Não sabíamos nada sobre isso no momento, mas o tempo passou, o prazo do dinheiro venceu e meu senhor não pagou; então o banco nos colocou em um leilão e nos vendeu pelo maior lance.

Minha pobre irmã foi a primeira a ser vendida: ela foi arrematada por um fazendeiro que morava a certa distância no campo. Em seguida, fui chamado para o estande. Enquanto o leiloeiro fazia os lances, vi o homem que havia comprado minha irmã colocando-a em uma carroça para levá-la para sua casa. Imediatamente pedi a um amigo escravo que estava perto da plataforma que corresse e perguntasse ao cavalheiro se ele poderia esperar até que eu fosse vendido, para que eu tivesse a oportunidade de me despedir dela. E ele respondeu que tinha uma longa distância a percorrer e que não poderia esperar.

Voltei-me então para o leiloeiro, ajoelhei-me e roguei-lhe humildemente que me deixasse descer e dar adeus à minha última irmã. Mas, em vez de atender a esse pedido, ele me agarrou pelo pescoço e, em um tom de voz de comando e com uma blasfêmia violenta, exclamou:

– Levante-se! Você não pode fazer nada de bom para a rapariga; portanto, não há necessidade de vê-la.

Quando me levantei, vi a carroça em que ela estava sentada mover-se lentamente; e enquanto ela apertava as mãos com um aperto que indicava desespero e olhava com pena para mim, também vi grandes lágrimas silenciosas escorrendo por seu rosto. Ela fez uma reverência de despedida e enterrou o rosto no colo. Isso parecia mais do que eu poderia suportar. Parecia que meu coração dolorido estava inchado ao máximo. Mas antes que eu pudesse me recuperar, a pobre garota se foi; ela se foi, e eu nunca mais tive a sorte de vê-la desde aquele dia até hoje! Talvez eu jamais tivesse ouvido falar dela, se não fosse pelos esforços incansáveis de minha boa e velha mãe, que se tornou livre há alguns anos por meio de uma compra e que, depois de muita dificuldade, encontrou minha irmã morando com uma família no Mississippi. Minha mãe imediatamente escreveu para mim, informando-me do fato e pedindo que eu fizesse algo para libertá-la; e fico feliz em dizer que, em parte por meio de palestras ocasionais e pela venda de uma gravura de minha esposa no disfarce com o qual ela escapou, juntamente com a extrema bondade e generosidade da srta. Burdett Coutts, do sr. George Richardson, de Plymouth, e de alguns outros amigos, quase consegui isso. Para mim, seria uma grande e sempre gloriosa conquista devolver minha irmã à nossa querida mãe, de quem ela foi forçada a se afastar no início da vida.

Fui arrematado pelo caixa do banco ao qual estávamos hipotecados e ordenado a retornar à marcenaria onde eu trabalhava anteriormente.

Mas o pensamento do severo leiloeiro não me permitindo dar adeus à minha querida irmã, fez a indignação em brasa disparar como um raio por todas as minhas veias. Isso secou minhas lágrimas, pareceu incendiar o meu cérebro, fazendo-me desejar ter poder para vingar os erros que cometeram conosco! Mas, infelizmente, éramos apenas escravos e não tínhamos direitos legais; consequentemente, fomos obrigados a sufocar nossos sentimentos feridos e nos agachar sob o calcanhar de ferro do despotismo.

Devo agora contar como foi nossa fuga, mas, antes, talvez seja bom citar algumas passagens das leis fundamentais da escravidão, para dar uma ideia da tirania legal e social da qual fugimos.

De acordo com a lei da Louisiana, "um escravo é aquele que está sob o poder de um senhor a quem pertence. O senhor pode vendê-lo, dispor de sua pessoa, de sua indústria e de seu trabalho; ele não pode fazer nada, possuir nada, nem adquirir nada além do que deve pertencer a seu senhor". – *Código Civil, art.* 35.

Na Carolina do Sul, isso é expresso na seguinte linguagem: "Os escravos serão considerados, vendidos, tomados, reputados e julgados, em lei, como bens móveis pessoais nas mãos de seus proprietários e possuidores, e de seus executores, administradores e cessionários, para todos os efeitos, interpretações e propósitos de qualquer natureza". – 2 *Brevard's Digest*, 229.

A Constituição da Geórgia estabelece o seguinte (Art. 4, sec. 12): "Qualquer pessoa que, de forma maliciosa, desmembrar ou privar um escravo da vida sofrerá a mesma punição que seria infligida caso a mesma ofensa tivesse sido cometida contra uma pessoa branca livre e com a mesma prova, exceto em caso de insurreição de tal escravo e a menos que TAL MORTE ACONTEÇA POR ACIDENTE AO DAR A CORREÇÃO MODERADA A ESSE ESCRAVO". – *Prince's Digest*, 559.

Conheci escravos que foram espancados até a morte, mas como morreram sob "correção moderada", isso foi totalmente legal; e é claro que os assassinos não foram perturbados.

"Se qualquer escravo que estiver fora da casa ou da plantação onde vive, ou que esteja empregado habitualmente, ou sem a companhia de uma pessoa branca, SE RECUSAR A SE SUBMETER ao exame de QUALQUER PESSOA BRANCA (mesmo que esteja bêbado ou louco), será lícito a essa pessoa branca perseguir, prender e corrigir moderadamente esse escravo; e, se esse escravo agredir e golpear essa pessoa branca, ele poderá ser LEGALMENTE MORTO". – *Brevard's Digest*, 231.

"Sempre, desde que", diz a lei, "tal ataque não seja feito por ordem e em defesa da pessoa ou da propriedade do proprietário, ou de outra pessoa que tenha o governo de tal escravo; nesse caso, o escravo será totalmente desculpado".

De acordo com essa lei, se um escravo, por orientação de seu feitor, bater em um branco que esteja espancando o porco do feitor, "o escravo será totalmente desculpado". Mas, se o escravo, por sua própria vontade, lutar para defender sua esposa, ou se sua filha aterrorizada instintivamente levantar a mão e bater no miserável que tenta violar sua castidade, ele ou ela deverá, segundo a lei do modelo republicano, sofrer a pena de morte.

Por ter sido escravo durante quase vinte e três anos, estou preparado para dizer que o funcionamento prático da escravidão é pior do que as leis odiosas pelas quais ela é regida.

Quando éramos jovens, fomos levados pelas pessoas que nos tinham como propriedade para Macon, a maior cidade do interior do estado da Geórgia, onde nos conhecemos por vários anos antes de nosso casamento; na verdade, nosso casamento foi adiado por algum tempo simplesmente porque uma das leis injustas e piores do que pagãs, sob as quais vivíamos, obrigava todos os filhos de mães escravas a seguir sua condição. Ou seja, o pai do escravo pode ser o presidente da República, mas se a mãe for uma escrava no nascimento do bebê, a pobre criança estará sempre legalmente condenada ao mesmo destino cruel.

É prática comum dos cavalheiros (se é que posso chamá-los assim) que se movem nos círculos mais altos da sociedade serem pais de filhos com suas escravas, as quais eles podem vender, e vendem, com maior impunidade; e quanto mais piedosas, bonitas e virtuosas forem as garotas, maior será o preço que alcançam, e isso também para os fins mais infames.

Qualquer homem com dinheiro (mesmo que seja um bruto rude) pode comprar uma moça bonita e virtuosa e forçá-la a viver com ele em uma relação criminosa; e como a lei diz que um escravo não deve ter nenhum apelo maior do que a mera vontade mestre, ela não pode escapar, a menos que seja por fuga ou por morte.

Ao tentar reconciliar uma moça com seu destino, o senhor às vezes diz que se casaria com ela se isso não fosse ilegal[27]. No entanto, ele sempre a considerará sua esposa e a tratará como tal; e ela, por outro lado, pode considerá-lo seu marido legítimo; e se eles tiverem filhos, eles serão livres e receberão boa educação.

Tenho o dever de acrescentar que, embora a grande maioria desses homens não se importe com a felicidade das mulheres com as quais vivem, nem com os filhos dos quais são pais, há aqueles que, mesmo nessa

---

27. É ilegal nos estados escravistas que qualquer pessoa de ascendência puramente europeia se case com uma pessoa de origem africana; embora um homem branco possa viver com quantas mulheres de cor ele queira sem prejudicar materialmente sua reputação na sociedade sulista. (N. A.)

massa heterogênea de monstros licenciosos, são fiéis às suas promessas. Mas como a mulher e seus filhos são legalmente propriedade do homem, o qual se encontra na relação anômala com eles de marido e pai, bem como de senhor, eles estão sujeitos a serem apreendidos e vendidos por suas dívidas, caso ele venha a se envolver com isso.

Há vários casos registrados em que essas pessoas foram vendidas e separadas para sempre. Eu mesmo conheço alguns, mas só tenho espaço para dar uma rápida olhada em um deles.

Conheci um cavalheiro muito humano e rico que comprou uma mulher com quem viveu como sua esposa. Eles criaram uma família de filhos, entre os quais havia três meninas quase brancas, bem-educadas e bonitas.

Quando o pai foi morto repentinamente, descobriu-se que ele não havia deixado testamento; mas, como a família sempre o ouviu dizer que não tinha parentes vivos, eles sentiram que sua liberdade e propriedade estavam totalmente garantidas e, sabendo dos insultos a que estavam expostos, agora que seu protetor não existia mais, todos estavam fazendo os preparativos a fim de se retirarem para um estado livre.

Mas, pobres criaturas, eles logo foram tristemente desenganados. Um vilão que residia a certa distância, ao saber da circunstância, apresentou-se e jurou ser parente do falecido; e como esse homem usava, ou assumia, o nome do sr. Slator, o caso foi levado a um desses horríveis tribunais, presidido por um segundo juiz Jeffreys, e que se autodenominava tribunal de justiça, mas, perante o qual, nenhuma pessoa de cor, nem um abolicionista, jamais foi visto obter seus plenos direitos.

O veredito foi dado em favor do autor da ação, que a maior parte da comunidade acreditava ter conspirado deliberadamente para enganar a família.

O infeliz sem coração não apenas ficou com a propriedade comum, mas também fez com que a viúva idosa e sem amigos, e todos os seus filhos órfãos, exceto Frank, um bom garoto de cerca de vinte e dois anos de idade, e Mary, uma garota muito simpática, um pouco mais nova que seu irmão, fossem levados a leilão e vendidos pelo maior lance. A sra. Slator tinha dinheiro suficiente, que o marido e patrão havia deixado para comprar a liberdade dela e dos filhos; mas, ao tentar fazê-lo, o canalha pusilânime, que lhes havia roubado a liberdade, reivindicou o dinheiro como sua propriedade e, pobre criatura, ela teve que abrir mão dele. De acordo com a lei, como veremos a seguir, um escravo não pode possuir nada. A velha senhora nunca se recuperou de sua triste aflição.

Na venda, ela foi a primeira a ser apresentada, e depois de ser vulgarmente criticada na presença de toda a sua família aflita, foi vendida a um plantador de algodão, que disse que queria a "velha e orgulhosa em sua plantação para cuidar dos crioulinhos, enquanto suas mãezinhas trabalhavam no campo".

Quando a venda foi concluída, veio a separação, e

Oh, profunda foi a angústia do coração daquela mãe escrava,
Quando chamada de seus queridos para sempre se separar;
A pobre mãe enlutada e de razão privada,
Logo as suas tristezas terminou e, friamente,
na morte naufragou.

Antoinette, a flor da família, uma garota muito amada por todos que a conheciam por sua piedade cristã e dignidade de maneiras, bem como por seus grandes talentos e extrema beleza, foi comprada por um vendedor de pomadas bêbado e sem instrução.

Não posso dar uma descrição mais precisa da cena, quando ela foi chamada de perto do seu irmão para ir ao estande, do que a que se encontra nas linhas a seguir.

Por que ela está perto do estande do leilão?
Aquela garota tão jovem e bela;
O que a traz a este lugar sombrio?
Por que ela está chorando ali?

Por que ela solta esse grito amargo?
Por que sua cabeça pende de vergonha,
Enquanto a voz áspera do leiloeiro
Tão rudemente pelo nome a chama!

Mas veja! Ela agarra uma mão masculina,
E em uma voz tão baixa,
Que mal pode ser ouvida, ela diz:
"Meu irmão, devo ir?"

Um momento de pausa: então, em meio a um lamento
De dolorosa agonia,
A resposta dele ao seu ouvido chega,
"Sim, irmã, você precisa ir!

"Meu braço não pode mais defender,
Eu mesmo não posso mais salvar
Minha irmã do destino horrível
que a espera como ESCRAVA*!"*

Core, cristão, core! Pois até mesmo os pagãos
escuros e incultos enxergam
Tua contradição, e eis!
Eles desprezam teu Deus e a ti!

O comerciante vulgar disse a uma gentil senhora que desejava comprar Antoinette de suas mãos:

– Acho que não venderei essa criatura esperta nem por dez mil dólares; sempre a quis para meu próprio uso.

A senhora, desejando protestar com ele, disse:

– O senhor deve se lembrar de que existe um Deus justo.

Hoskens, não entendendo a sra. Huston, interrompeu-a dizendo:

– Eu sei, e acho que é de uma bondade monstruosa ele enviar negros tão atraentes para nossa comodidade.

A sra. Huston, percebendo que um longo curso de perversidade imprudente, embriaguez e vício havia destruído em Hoskens todo impulso de nobreza, o deixou.

Antoinette, a pobre garota, também vendo que não havia ajuda para ela, ficou agitada. Nunca me esquecerei de seus gritos de desespero quando Hoskens deu a ordem para que ela fosse levada para sua casa e trancada em um quarto superior. Quando Hoskens entrou no quarto, em estado de embriaguez, uma luta terrível se seguiu. A corajosa Antoinette livrou-se dele e atirou-se de cabeça pela janela, caindo chão abaixo.

Seu corpo machucado, mas não poluído, foi logo recolhido; restauradores foram trazidos, o médico chamado, mas, infelizmente, era tarde demais: seu espírito puro e nobre havia fugido para descansar nos reinos de felicidade sem fim, "onde os ímpios deixam de se preocupar e os exaustos entram em descanso".

Antoinette, como muitas outras mulheres nobres que são privadas da liberdade, ainda

Guarda algo sagrado, algo não profanado;
Alguma garantia e lembrança de sua natureza superior.
E, como o diamante na escuridão, retém
Alguma centelha inextinguível da luz celestial.

Quando Hoskens se deu conta do fato de que sua vítima não mais existia, exclamou:

– Raios, sou um homem acabado!

A súbita decepção e a perda de dois mil dólares foram mais do que ele podia suportar. Então ele bebeu mais do que nunca e, em pouco tempo, morreu, enlouquecendo com *delirium tremens*.

O vilão Slator disse à sra. Huston, a gentil senhora que se esforçou para comprar Antoinette de Hoskens:

– Ninguém precisa falar comigo sobre comprar esses negros tão bons, pois não vou vendê-los.

– Mas Mary é bastante delicada, e por não estar acostumada ao trabalho pesado, não pode lhe prestar muito serviço em uma plantação – disse a sra. Huston.

– Eu não a quero para o campo, mas para outro propósito – respondeu Slator.

A sra. Huston, entendendo o que isso significava, imediatamente exclamou:

– Ó, mas ela é sua prima!

– O diabo que é! – disse Slator, e acrescentou: – Quer me insultar, senhora, dizendo que sou parente de negros?

– Não, não quero ofendê-lo, senhor. Mas o sr. Slator, pai de Mary, não era seu tio? – respondeu a sra. Huston.

E Slator disse:

– Sim, acho que sim, mas quero que a senhora e todos entendam que não sou parente dos negros dele.

– Oh, muito bem, e agora, o que você vai aceitar pela pobre menina? – disse a sra. Huston.

– Nada – respondeu ele. – Como eu disse antes, não vou vender, então não precisa se preocupar mais. Se a criatura se comportar, farei o mesmo por ela que qualquer outro homem faria.

Slator falou corajosamente, mas sua maneira de agir e seu olhar constrangido claramente indicavam que

Seu coração estava em conflito
Com esses ganhos malditos;
Pois ele sabia de quem eram as paixões que lhe davam vida,
De quem era o sangue que em suas veias corria.

O monstro a levou para fora da porta,
Ele a levou pela mão,
Para ser sua escrava e amante
Em uma terra estranha e distante!

O pobre Frank e sua irmã Mary foram algemados e confinados na prisão. Seus queridos irmãozinhos gêmeos foram vendidos e levados para onde não sabiam. Mas muitas vezes acontece que a má sorte faz com que aqueles que consideramos mais queridos se afastem, enquanto faz amigos aqueles que menos esperávamos que se interessassem por nossos assuntos. Entre esses últimos, Frank encontrou dois amigos relativamente novos, mas fiéis, para acompanhar os caminhos sombrios dos infelizes gêmeos.

Em um ou dois dias após a venda, Slator encilhou dois cavalos velozes em uma grande carroça leve e colocou ali muitas coisas pequenas, mas valiosas, pertencentes à família em dificuldades. Ele também levou consigo Frank e Mary, bem como todo o dinheiro do saque; e depois de presentear todos os seus amigos mais humildes e transeuntes, e de beber muito, partiu com muita alegria para sua casa na Carolina do Sul. Mas não haviam percorrido muitos quilômetros antes que Frank e sua irmã descobrissem que Slator estava bêbado demais para dirigir. Ele, porém, como a maioria dos homens embriagados, achava que estava bem; e como trazia consigo um pouco do melhor conhaque e vinho da família arruinada, algo a que não estava acostumado, e como era uma alma sedenta, bebeu até que as rédeas caíram de seus dedos. Ao tentar pegá-las, ele caiu do veículo e não conseguiu se levantar. Frank e Mary, então, arquitetaram um plano para escapar. Como ainda estavam algemados por um pulso cada um, eles desceram, pegaram a chave no bolso do bêbado assassino, soltaram os grilhões de ferro e os colocaram em Slator, que estava mais preparado para usar tais ornamentos. Enquanto o demônio permanecia inconsciente do que estava acontecendo, Frank e Mary tiraram dele a grande soma de dinheiro que foi obtida na venda, bem a que Slator havia tão maldosamente obtido de sua pobre mãe. Em seguida, arrastaram-no para a floresta, amarraram-no a uma árvore e deixaram o ladrão embriagado se virar sozinho, enquanto eles fugiam para Savannah. Como os fugitivos eram brancos, é claro que ninguém suspeitou que fossem escravos.

 Slator não conseguiu chamar ninguém para socorrê-lo até o final do dia seguinte, e como não havia estradas de ferro naquela parte do país à época, foi somente no final do dia seguinte que ele conseguiu reunir um grupo para a caçada. Uma pessoa informou-o que havia encontrado um homem e uma mulher em uma carroça, que correspondiam à descrição daqueles que ele havia perdido, dirigindo furiosamente em direção a Savannah. Assim, Slator e vários caçadores de escravos a cavalo partiram a toda velocidade, com seus cães de caça, em busca de Frank e Mary.

Ao chegarem a Savannah, os caçadores descobriram que os fugitivos haviam vendido os cavalos e a carroça e embarcado para Nova York como brancos livres. O desapontamento e a desonestidade de Slator assolaram tanto sua mente vil, que ele, como Judas, foi e se enforcou.

Assim que Frank e Mary ficaram a salvo, tentaram resgatar sua boa mãe. Mas, infelizmente, ela se fora; havia passado para o reino da vida espiritual.

No devido tempo, Frank soube por seus amigos da Geórgia onde moravam seu irmãozinho e sua irmãzinha. Assim, ele escreveu imediatamente para comprá-los, mas as pessoas com quem eles moravam não os quiseram vender. Depois de fracassar em várias tentativas de comprá-los, Frank cultivou grandes bigodes, cortou o cabelo, colocou uma peruca e óculos, saiu como homem branco e parou na vizinhança onde estava sua irmã; depois de vê-la e também a seu irmão mais novo, combinaram se encontrar em um determinado lugar em um domingo, o que fizeram, e em segurança.

Eu mesmo vi Frank quando ele veio buscar os gêmeos. Embora eu fosse bem jovem, lembro-me bem de ter ficado muito feliz ao ouvi-lo contar quão bem ele e Mary haviam servido Slator.

Frank havia disfarçado ou mudado sua aparência tão completamente, que sua irmãzinha não o reconheceu e não falou até que ele mostrasse uma imagem da mãe deles, cuja visão a levou às lágrimas, pois ela conhecia-lhe o rosto. Frank poderia ter dito a ela

Ó, Emma! Ó, minha irmã, fala comigo!
Não me reconheces, que sou seu irmão?
Vem até mim, pequena Emma, tu viverás
Comigo daqui em diante,
e não conhecerás preocupação ou falta.
Emma ficou em silêncio por um tempo, como se
Fosse difícil encontrar uma voz humana.

(A mãe de Frank e Mary era a querida tia da minha esposa.)

Após esse grande desvio de nossa narrativa, que espero que o caro leitor desculpe, voltarei imediatamente a ela.

Minha esposa foi arrancada do abraço de sua mãe ainda na infância e levada para uma parte distante do país. Ela tinha visto tantas outras crianças serem separadas de seus pais por esse modo cruel, que a simples ideia de se tornar mãe de uma criança, para passar uma existência miserável sob o sistema miserável da escravidão americana, parecia encher sua alma de horror; e como ela tinha o que eu achava ser uma visão importante de sua condição, a princípio não insisti no casamento, mas concordei em ajudá-la a tentar elaborar algum plano pelo qual pudéssemos escapar de nossa condição infeliz e nos casarmos.

Pensamos em um plano após o outro, mas todos pareciam repletos de dificuldades insuperáveis. Sabíamos que era ilegal que qualquer transporte público nos levasse como passageiros sem o consentimento de nosso senhor. Também estávamos perfeitamente cientes do fato impressionante de que, se tivéssemos saído sem esse consentimento, os caçadores de escravos profissionais logo teriam seus ferozes cães de caça correndo em nosso encalço e, em pouco tempo, teríamos sido arrastados de volta à escravidão, não para ocupar as situações mais favoráveis que havíamos acabado de deixar, mas para sermos separados para o resto da vida e submetidos a trabalho mais pesado e cruel; ou então para sermos torturados até a morte como exemplos, a fim de aterrorizar os corações dos outros e, assim, impedi-los de tentar escapar de seus brutais mestres de tarefas. É um fato digno de nota que nada parece dar mais prazer aos proprietários de escravos quanto capturar e torturar fugitivos. Eles preferem muito mais pegar o chicote afiado e venenoso e, com ele, cortar suas pobres vítimas trêmulas em pedaços do que permitir que uma delas escape para um país livre e exponha o sistema infame do qual fugiu.

O que mais sem vê em uma caça aos escravos é a excitação. Os proprietários de escravos e seus rufiões contratados parecem ter mais prazer nessa perseguição desumana do que os esportistas ingleses têm em perseguir uma raposa ou um veado. Portanto, sabendo o que seríamos obrigados a sofrer se fôssemos capturados e levados de volta, estávamos mais do que ansiosos para encontrar um plano que nos levasse em segurança a uma terra de liberdade.

No entanto, depois de quebrarmos a cabeça durante anos, fomos levados, com relutância, à triste conclusão de que era quase impossível escapar da escravidão na Geórgia e viajar mais de 1.600 quilômetros pelos estados escravistas. Portanto, resolvemos obter o consentimento de nossos proprietários, casar-nos, estabelecer-nos como escravos e nos esforçarmos para nos tornarmos o mais confortáveis possível sob esse sistema, mas, ao mesmo tempo, sempre mantendo nossos olhos turvos firmemente fixos na esperança brilhante da liberdade e orando sinceramente a Deus para que nos ajudasse a escapar da nossa injusta escravidão.

Nós nos casamos, oramos e trabalhamos arduamente até dezembro de 1848, quando (como já disse) surgiu um plano que se mostrou bastante bem-sucedido e, oito dias depois de ter sido pensado pela primeira vez, estávamos livres dos horríveis grilhões da escravidão e glorificando a Deus, que nos havia tirado em segurança de uma terra de escravidão.

Sabendo que os proprietários de escravos têm o privilégio de levar seus escravos para qualquer parte do país que acharem conveniente, ocorreu-me que, como minha esposa era quase branca, eu poderia fazer com que ela se disfarçasse de um senhor inválido e assumisse o papel de meu senhor, enquanto eu poderia ser seu escravo, e dessa forma poderíamos escapar. Depois de pensar no plano, sugeri-o à minha esposa, que, a princípio, se esquivou da ideia. Ela achava que era quase impossível assumir esse disfarce e viajar uma distância de mais de 1.600 quilômetros através dos Estados escravistas. No entanto, por outro lado, ela também pensou em sua condição. Viu que as leis sob as quais vivíamos não a reconheciam como uma mulher, mas como uma mera propriedade a ser comprada e vendida, ou tratada como seu proprietário achasse melhor. Portanto, quanto mais contemplava sua condição indefesa, mais ansiosa ficava para escapar dela. Então, ela disse:

– Acho que é algo praticamente grande demais para empreendermos; no entanto, sinto que Deus está do nosso lado e, com sua ajuda, apesar de todas as dificuldades, conseguiremos ter sucesso. Portanto, se você comprar o disfarce, tentarei executar o plano.

Depois que concluí a compra do disfarce, fiquei com medo de procurar alguém para pedir que me vendesse os artigos. É ilegal na Geórgia que um homem branco negocie com escravos sem a permissão do senhor; todavia, apesar disso, muitas pessoas vendem a um escravo qualquer artigo que ele possa conseguir dinheiro para comprar. Não que elas simpatizem com o escravo, mas simplesmente porque o testemunho dele não é admitido no tribunal contra um homem livre.

Portanto, com pouca dificuldade, fui a diferentes partes da cidade, em horários estranhos, e comprei as coisas, peça por peça (exceto as calças, que ela achou necessário fazer), e as levei para a casa onde minha esposa residia. Como ela era empregada doméstica e a escrava favorita família, tinha um pequeno quarto só para si e, entre outros móveis que eu havia feito em minhas horas extras, havia uma cômoda; assim, quando eu levava os artigos para casa, ela os trancava cuidadosamente nessas gavetas. Ninguém no local sabia que ela tinha algo do gênero. Assim, quando achamos que tínhamos tudo pronto, marcamos a hora da fuga. Mas sabíamos que não seria bom partir sem antes obter a permissão de nosso senhor para nos ausentarmos por alguns dias. Se tivéssemos partido sem essa autorização, eles logo nos teriam colocado de volta na escravidão e, provavelmente, nunca mais teríamos tido outra oportunidade de tentar escapar.

Alguns dos melhores proprietários de escravos às vezes concedem a seus escravos favoritos alguns dias de férias na época do Natal; assim, depois de muito esforço por parte de minha esposa, ela obteve um passe de sua senhora, permitindo-lhe que se ausentasse por alguns dias. O marceneiro com quem eu trabalhava me deu um documento semelhante, mas disse que precisava muito dos meus serviços e desejava que eu voltasse assim que o prazo concedido acabasse. Agradeci-lhe gentilmente, mas, de alguma forma, ainda não consegui fazer com que fosse conveniente voltar; e como o ar livre da boa e velha Inglaterra combina muito bem com minha esposa e nossos queridos filhos, assim como comigo mesmo, não é nada provável, no momento, que retornemos à "singular instituição" de correntes e açoites.

Ao chegar ao chalé de minha esposa, ela me entregou seu passe e eu mostrei-lhe o meu; contudo, naquele momento, nenhum de nós sabia ler. Não é apenas ilegal que os escravos aprendam a ler, mas, em alguns estados, há penalidades pesadas, como multas e prisão, as quais serão vigorosamente aplicadas a qualquer um que seja humano o suficiente para violar a chamada lei.

O caso a seguir servirá para mostrar como as pessoas são tratadas na comunidade escravagista mais esclarecida.

> **ACUSAÇÃO.**
>
> COMUNIDADE DA VIRGINIA, } No Circuito
> CONDADO DE NORFOLK, ss. } Tribunal. Grandes jurados, nomeados e declarados para investigar os delitos cometidos no corpo do referido condado, sob seu juramento, que Margaret Douglass, sendo uma pessoa de má índole, não tendo o temor de Deus diante de seus olhos, mas movida e instigada pelo demônio, de forma perversa, maliciosa e criminosa, no quarto dia de julho, no ano de nosso Senhor de mil oitocentos e cinquenta e quatro, em Norfolk, no

referido condado, ensinou uma certa menina negra chamada Kate a ler a Bíblia, para grande desgosto do Deus Todo-Poderoso, para o exemplo pernicioso de outras pessoas que, no mesmo caso, cometeram delitos, contrariando a forma do estatuto nesse caso criado e previsto, e contra a paz e a dignidade da Comunidade da Virgínia.

VICTOR VAGABOND, Promotor Público.

Com base nessa acusação, a sra. Douglass foi formalmente indiciada, julgada e considerada culpada, é claro; e o juiz Scalaway, perante quem ela foi julgada, após consultar o dr. Adams, ordenou ao xerife que colocasse a sra. Douglass no banco dos réus, quando ele se dirigiu a ela conforme segue: "Margaret Douglass, levante-se. Você é culpada de um dos crimes mais vis que já desonraram a sociedade, e o júri assim a considerou. Você ensinou uma escrava a ler a Bíblia. Nenhuma sociedade esclarecida pode existir onde tais crimes ficam impunes. O Tribunal, no seu caso, não sente por você um único raio de solidariedade e lhe inflige a pena máxima da lei. Em qualquer outro país civilizado, você teria pago o preço do seu crime com a própria vida, e o Tribunal só tem a lamentar que essa não seja a lei neste país. A sentença para sua ofensa é que fique presa por um mês na cadeia do condado e que pague os custos da acusação. Xerife, leve a prisioneira para a prisão". Com a publicação desses procedimentos, os doutores em Divindade pregaram um sermão sobre a necessidade de obedecer às leis; o *New*

> *York Observer* notou, com muita alegria piedosa, um reavivamento da religião na plantação do dr. Smith, na Geórgia, entre seus escravos; enquanto o *Journal of Commerce* elogiou essa pregação política dos Doutores em Divindade, porque favorecia a escravidão. Que não façamos nada que venha a ofender nossos irmãos sulistas.

Embora, inicialmente, tenhamos ficado muito felizes com a ideia de termos obtido permissão para nos ausentar por alguns dias, quando passou pela mente da minha esposa o pensamento de que era costume os viajantes registrarem seus nomes no livro de visitantes dos hotéis, bem como no livro de desembaraço ou no livro da alfândega em Charleston, Carolina do Sul, isso fez nossos ânimos se abaterem.

Então, enquanto estávamos sentados em nosso pequeno quarto, à beira do desespero, de repente minha esposa levantou a cabeça e, com um sorriso no rosto, que momentos antes estava banhado em lágrimas, disse:

– Acho que já sei!

Perguntei-lhe o que era e ela disse:

– Creio que posso fazer um cataplasma e amarrar minha mão direita em uma tipoia e, com propriedade, pedir aos oficiais que registrem meu nome para mim.

Achei que isso resolveria.

Ocorreu-lhe, então, que a suavidade de seu rosto poderia traí-la; por isso, decidiu fazer outro cataplasma e colocá-lo em um lenço branco para ser usado sob o queixo, subindo pelas bochechas e sendo amarrado na cabeça. Isso quase escondia a expressão do semblante, bem como o queixo sem barba.

O cataplasma foi omitido na gravura, porque a imagem não poderia ser bem tirada com ele.

Minha esposa, sabendo que teria que ficar muito tempo na companhia de cavalheiros, imaginou que poderia se dar melhor se tivesse algo para cobrir os olhos; eu, então, fui a uma loja e comprei-lhe um par de óculos verdes. Isso foi à noitinha.

Ficamos acordados a noite toda discutindo o plano e fazendo os preparativos. Pouco antes de chegar a hora de partirmos, pela manhã, cortei o cabelo de minha esposa bem rente à nuca e fiz com que ela vestisse o disfarce e ficasse de pé, no chão. Descobri que ela era um cavalheiro de aparência muito respeitável.

Minha esposa não tinha a menor pretensão de assumir esse disfarce, e não o teria feito se fosse possível obter nossa liberdade por meios mais simples; mas sabíamos que não era costume no Sul que as mulheres viajassem com criados do sexo masculino; portanto, apesar da boa aparência de minha esposa, teria sido uma tarefa muito difícil para ela se apresentar como uma mulher branca livre, comigo como seu escravo; na verdade, o fato de ela não saber escrever teria tornado isso completamente impossível. Sabíamos que nenhum transporte público nos levaria, nem a qualquer outro escravo, como passageiro, sem o consentimento de nosso senhor. Esse consentimento nunca poderia ser obtido para viajar a um estado livre. O fato de minha esposa estar coberta com emplastros etc. forneceu uma desculpa plausível para evitar conversas em geral, das quais a maioria dos viajantes ianques gosta fervorosamente.

Há um grande número de negros livres residindo nos estados do Sul, mas na Geórgia (e acredito que em todos os estados escravocratas), a tez de qualquer pessoa de cor é uma evidência *prima facie* de que ela é escrava; e o menor bandido do país, caso seja um homem branco, tem o poder legal de prender e interrogar, da maneira mais inquisitorial e insultante, qualquer pessoa de cor, homem ou mulher, que possa encontrar em liberdade, especialmente à noite e aos domingos, sem um passe escrito, assinado pelo mestre ou por alguém com autoridade, ou sem documentos livres carimbados, certificando que a pessoa é a legítima proprietária de si mesma.

Se a pessoa de cor se recusar a responder às perguntas que lhe forem feitas, ela pode ser espancada, e o fato de se defender contra esse ataque a torna fora da lei, e se ela for morta no local, o assassino será isento de qualquer culpa; mas, depois que a pessoa de cor tiver respondido às perguntas que lhe forem feitas, da maneira mais humilde e direta possível, ela poderá ser levada para a prisão; e se, após um exame mais aprofundado, for constatado que ela foi pega onde não tinha permissão ou direito legal de estar, e que não fez o que eles chamam de um relato satisfatório de si mesma, o seu mestre terá de pagar uma multa. Caso ele se recuse a fazer isso, o pobre escravo pode ser legal e severamente açoitado por oficiais públicos. Se o prisioneiro provar ser um homem livre, é mais provável que seja tanto açoitado quanto multado.

    A grande maioria dos proprietários de escravos odeia essa classe de pessoas com um ódio que só pode ser igualado pelos espíritos condenados das regiões infernais. Eles não têm piedade nem simpatia por nenhum negro que não possam escravizar. Dizem que Deus fez o negro para ser escravo do branco e agem como se realmente acreditassem que todas as pessoas de cor livres estão em rebelião aberta a uma ordem direta do céu e que eles (os brancos) são os agentes escolhidos por Deus para derramar sobre elas uma vingança ilimitada. Por exemplo, um projeto de lei foi apresentado no Legislativo do Tennessee a fim de impedir que negros livres viajem nas estradas de ferro daquele estado. Ele foi aprovado em primeira leitura. O projeto de lei prevê que o presidente que permitir que um negro livre viaje em qualquer estrada dentro da jurisdição do estado sob sua supervisão pagará uma multa de 500 dólares, e qualquer condutor que permitir uma violação da lei pagará 250 dólares, desde que tal negro livre não esteja sob o controle de um cidadão branco livre do Tennessee, o qual atestará o caráter do referido negro livre mediante uma fiança penal de mil dólares. O estado do Arkansas aprovou uma lei para banir todos os negros livres de suas fronteiras, e essa lei entrou em vigor no dia 1º de janeiro de 1860. Todo negro livre encontrado lá após essa data estará sujeito a ser vendido como escravo, pois o crime de liberdade não é perdoável. O Senado do Missouri tem em mãos um projeto de lei que prevê que todos os negros livres acima de 18 anos que forem encontrados no estado após setembro de 1860 serão vendidos como escravos, e que todos os negros que entrarem no estado após setembro de 1861 e lá permanecerem por 24 horas também serão vendidos como escravos para sempre. O Mississippi, o Kentucky e a Geórgia e, de fato, creio eu, todos os estados escravagistas, estão legislando da mesma maneira. Assim, os proprietários de escravos tornam quase impossível que pessoas de cor livres saiam dos estados escravistas, para que possam vendê-las como escravas caso não saiam. Se nenhum branco viajasse pelas ferrovias, exceto aqueles que conseguissem alguém para atestar seu caráter em uma fiança penal de mil dólares, as empresas ferroviárias logo iriam à falência. Essa legislação mesquinha é muito baixa para ser comentada; portanto, deixo que os atos vilanescos falem por si mesmos.

    Mas a decisão de Dred Scott é o ato culminante da infame legislação ianque. A Suprema Corte, o mais alto tribunal da República, composta por nove Juízes [do estilo] Jeffries, escolhidos tanto dos estados livres quanto dos escravistas, decidiu que nenhuma pessoa de cor ou de origem africana pode se tornar um cidadão dos Estados Unidos ou ter quaisquer direitos que os homens brancos sejam obrigados a respeitar. Isso quer dizer que, na opinião dessa Corte, roubo, estupro e assassinato não são crimes quando cometidos por um branco contra uma pessoa de cor.

Juízes que se esgueiram de sua posição elevada e honrosa para as profundezas mais baixas da depravação humana e conseguem uma decisão como essa são totalmente indignos da confiança de qualquer povo. Acredito que tais homens, se tivessem o poder e fosse de seu interesse temporal, venderiam a independência de seu país e trocariam o direito de primogenitura de cada homem por um prato de lentilhas. Thomas Campbell pode bem dizer:

> *Estados Unidos, sua bandeira ostenta,*
> *Dois emblemas: um de fama,*
> *Infelizmente, o outro que ela carrega*
> *Lembra-nos de sua vergonha!*
> *A liberdade do homem branco em tipos*
> *Está decorada por suas estrelas;*
> *Mas qual é o significado de suas listras?*
> *Elas significam suas cicatrizes Negras.*

Quando chegou a hora de partirmos, apagamos as luzes, nos ajoelhamos e oramos ao Pai Celestial para que misericordiosamente nos ajudasse, como fez com seu povo no passado, a escapar do cativeiro cruel, e sempre sentiremos que Deus ouviu e atendeu nossa oração. Se não tivéssemos sido amparados por uma providência bondosa, e, às vezes, penso que especial, jamais poderíamos ter superado as enormes dificuldades que vou descrever agora.

Depois disso, nós nos levantamos e ficamos em silêncio por alguns instantes, sem fôlego, com medo de que alguém estivesse no chalé ouvindo e observando nossos movimentos. Então, peguei minha esposa pela mão, caminhei suavemente até a porta, levantei o trinco, abri-a e espiei para fora. Embora houvesse árvores ao redor da casa, a folhagem mal se movia; de fato, tudo parecia estar tão quieto quanto a morte. Então sussurrei para minha esposa:

– Venha, minha querida, vamos dar um salto desesperado para a liberdade!

Mas, coitada, ela se encolheu, em um estado de trepidação. Eu me virei e perguntei qual era o problema; ela não respondeu, mas começou a soluçar violentamente e jogou a cabeça em meu peito. Isso pareceu tocar meu coração e fez com que eu me envolvesse em seus sentimentos mais completamente do que nunca. Nós dois vimos as muitas dificuldades montanhosas que se erguiam uma após a outra diante de nossa vista e sabíamos muito bem qual seria nosso triste destino se fôssemos pegos e forçados a voltar para nossa cova servil. Portanto, quando minha esposa se deu conta plenamente do fato solene de que tínhamos de tomar nossas vidas, por assim dizer, em nossas mãos, e disputar cada centímetro dos milhares de quilômetros de território escravagista pelos quais tínhamos de passar, isso fez seu coração quase afundar dentro dela, e se eu as conhecesse naquela época, teria repetido as seguintes frases encorajadoras, que talvez não sejam descabidas aqui:

> *A colina, embora alta, eu desejo subir,*
> *A dificuldade não me ofenderá;*
> *Pois percebo que o caminho para a vida está aqui:*
> *Venha, anime-se coração, não vamos desmaiar nem temer;*
> *Melhor, embora difícil, o caminho certo a seguir,*
> *Do que o errado, embora fácil, onde o fim é a desgraça.*

No entanto, os soluços logo cessaram e, após alguns momentos de oração silenciosa, ela recuperou o autocontrole e disse:

– Venha, William, está ficando tarde, então agora vamos nos aventurar em nossa perigosa jornada.

Nós, então, abrimos a porta e saímos tão suavemente quanto o "luar sobre a água". Tranquei a porta com minha própria chave, que agora tenho diante de mim, e atravessei o pátio na ponta dos pés até a rua. Digo na ponta dos pés, porque éramos como pessoas próximas a uma avalanche cambaleante, com medo de nos movermos ou até mesmo de respirar livremente, pois temíamos que os tiranos adormecidos fossem despertados e caíssem sobre nós com uma vingança dupla, por escapar da maneira que imaginávamos.

Apertamos as mãos, nos despedimos e partimos em direções diferentes para a estação ferroviária. Eu peguei o caminho mais próximo possível do trem, com medo de ser reconhecido por alguém, e entrei no vagão dos negro, no qual eu sabia que teria de viajar; mas meu *mestre* (como agora chamarei minha esposa) pegou um caminho mais longo e só chegou lá com a maioria dos passageiros. Ele conseguiu uma passagem para si mesmo e uma para seu escravo até Savannah, o primeiro porto, que ficava a cerca de 320 quilômetros de distância. Meu senhor, então, guardou a bagagem e entrou em uma das melhores carruagens.

Porém, pouco antes de o trem partir, pela janela, e para meu grande espanto, vi o marceneiro com quem eu havia trabalhado por tanto tempo plataforma. Ele se aproximou do bilheteiro, fez alguma pergunta e, em seguida, começou a olhar rapidamente entre os passageiros e para dentro dos vagões. Acreditando plenamente que tínhamos sido pegos, encolhi-me em um canto, virei o rosto para a porta e esperei ser arrastado para fora em um instante. O marceneiro olhou para o vagão do meu senhor, mas não o reconheceu em seu novo traje e, pela graça de Deus, antes que ele chegasse ao meu, o sino tocou e o trem partiu.

Desde então, ouvi dizer que o marceneiro teve um pressentimento de que estávamos prestes a "seguir para lugares desconhecidos", mas como não me viu, suas suspeitas desapareceram até que ele recebeu a surpreendente informação de que havíamos chegado, em segurança, a um estado livre.

Assim que o trem deixou a plataforma, meu mestre olhou em volta no vagão e ficou aterrorizado ao encontrar um sr. Cray – um velho amigo do senhor de minha esposa, que havia jantado com a família no dia anterior e conhecia minha esposa desde a infância – sentado mesmo assento.

As portas dos vagões de trem americanos ficam nas extremidades. Os passageiros sobem pelo corredor e sentam-se em ambos os lados; e como meu mestre estava ocupado olhando pela janela, ele não viu quem entrou.

A primeira impressão de meu mestre, depois de ver o sr. Cray, foi a de que ele estava ali com propósito de capturá-lo. No entanto, meu mestre achou que não seria sensato dar nenhuma informação a seu respeito, e com medo de que o sr. Cray pudesse puxá-lo para uma conversa e reconhecer sua voz, meu mestre resolveu fingir surdez como único meio de autodefesa.

Depois de algum tempo, o sr. Cray disse ao meu mestre:

– Está uma manhã muito bonita, senhor.

Ele não prestou atenção, e continuou olhando pela janela. O sr. Cray logo repetiu essa observação, em um tom um pouco mais alto, mas meu mestre permaneceu como antes. Essa indiferença atraiu a atenção dos passageiros próximos, um dos quais riu. Isso, suponho, irritou o velho cavalheiro; então ele disse:

– Vou fazê-lo ouvir. – E em um tom de voz mais alto, repetiu: – Está uma bela manhã, senhor.

Meu mestre virou a cabeça e, com uma reverência educada, disse:

– Sim – e começou a olhar pela janela novamente.

Um dos cavalheiros comentou que era uma miséria muito grande ser surdo.

– Sim – respondeu o sr. Cray –, e eu não vou mais incomodar aquele sujeito.

Isso fez com que meu mestre respirasse um pouco mais aliviado e sentisse que, afinal, o sr. Cray não era seu perseguidor.

Os cavalheiros, então, voltaram a conversa para os três grandes tópicos de discussão nos círculos de primeira classe da Geórgia, a saber, os negros, o algodão e os abolicionistas.

Meu mestre já tinha ouvido falar dos abolicionistas, mas de uma forma que o levou a pensar que eles eram um tipo terrível de animal selvagem. Porém, ficou muito feliz ao saber, por meio da conversa dos cavalheiros, que os abolicionistas eram pessoas que se opunham à opressão e, portanto, em sua opinião, não eram as mais baixas, mas as mais altas criaturas de Deus.

Sem a menor objeção da parte de meu mestre, os cavalheiros deixaram o vagão em Gordon, rumo a Milledgeville (a capital do estado).

Chegamos a Savannah no início da noite e entramos em um ônibus, que parou no hotel para que os passageiros tomassem chá. Entrei na casa e levei algo para o meu mestre em uma bandeja até o ônibus, que nos levou em tempo hábil até o navio a vapor, que tinha como destino Charleston, Carolina do Sul.

Pouco depois de subir a bordo, meu mestre foi dormir; e como o capitão e alguns passageiros pareciam achar isso estranho e também me questionaram a respeito dele, meu mestre achou melhor eu pegar as flanelas e o opodeldoc que havíamos preparado para o reumatismo, aquecê-los rapidamente no fogão do salão do cavalheiro e levá-los para seu beliche. Fizemos isso como uma desculpa para o fato de meu senhor ter se deitado tão cedo.

Enquanto eu estava no fogão, um dos passageiros me disse:

– Buck, o que você tem aí?

– Opodeldoc, senhor –, respondi.

– Eu acho que é o opo*diabo* – disse um janota magricelo que estava recostado em uma cadeira, com os calcanhares apoiados nas costas de outra e mascando tabaco como se estivesse fazendo uma aposta, e completou: – fede o suficiente para matar ou curar vinte homens. Fora daqui com isso, ou acho que vou jogar essa coisa no mar!

A essa altura, o opodeldoc já estava quente o suficiente; então levei-o para o beliche do meu senhor, fiquei lá por um tempo, depois fui para o convés e perguntei ao comissário de bordo onde eu deveria dormir. Ele disse que não havia lugar para passageiros de cor, fossem escravos ou livres. Assim, fiquei andando pelo convés até tarde, depois montei em alguns sacos de algodão em um lugar quente perto da chaminé, fiquei ali sentado até de manhã, e depois fui ajudar meu mestre a se preparar para o café da manhã.

Ele estava sentado à direita do capitão, que, juntamente com todos os passageiros, perguntou muito gentilmente sobre sua saúde. Como meu mestre tinha uma das mãos em uma tipoia, era meu dever cortar sua comida. Mas quando saí, o capitão disse:

– O senhor tem um garoto muito atencioso, mas é melhor vigiá-lo como um falcão quando chegar ao Norte. Ele parece estar muito bem aqui, mas pode agir de forma bem diferente lá. Conheço vários cavalheiros que perderam seus valiosos negros, entre eles os malditos abolicionistas implacáveis.

Antes que meu mestre pudesse falar, um rude traficante de escravos, que estava sentado em frente, com os dois cotovelos sobre a mesa e um grande pedaço de frango grelhado nos dedos, balançou a cabeça com ênfase e, em um profundo tom ianque, forçou as palavras em sua boca cheia:

– Boa doutrina, capitão, muito boa. – Em seguida, jogou o frango no prato, inclinou-se para trás, colocou os polegares nas cavas de seu elegante colete e continuou: – Eu não levaria um negro para o Norte sob nenhuma hipótese. Já tive muito contato com negros em minha época, mas nunca vi um que tivesse colocado o calcanhar em solo livre que valesse alguma coisa.

Então, dirigindo-se ao meu mestre, prosseguiu:

– Agora, forasteiro, se você decidir vender esse negro, eu sou o seu homem; basta mencionar o seu preço e, se não estiver fora do razoável, pagarei por ele aqui a bordo mesmo, em moedas de prata.

Esse monstro de rosto duro, barba eriçada, cabeça de arame e olhos vermelhos, olhando para meu mestre como a serpente olhou para Eva, disse:

– O que você diz, forasteiro?

– Não quero vender, senhor; não consigo me virar bem sem ele – meu mestre respondeu.

– Você terá de se virar sem ele se o levar para o Norte – continuou esse homem –, pois posso lhe dizer, forasteiro, como amigo, e por ser um sujeito mais velho do que você, que já vi muita coisa neste mundo e acho que já lidei mais com negros do que qualquer outro homem vivo ou morto. Já fui empregado do general Wade Hampton por dez anos para fazer nada além de domá-los; e todo mundo sabe que o general não gostaria de ter um homem que não entendesse de seus negócios. Então eu lhe digo, forasteiro, mais uma vez, é melhor você vender e me deixar levá-lo para Orleans. Ele não lhe servirá de nada se o levar para o outro lado da linha de Mason e Dixon; ele é um negro astuto, e posso ver pelo corte de seu olho que ele certamente irá fugir.

Meu mestre disse:

– Acho que não, senhor; tenho muita confiança em sua fidelidade.

– Fi-*diabo*-lidade – disse indignado o negociante de escravos, enquanto seu punho descia sobre a borda do pires e derrubava uma xícara de café quente no colo de um cavalheiro.

Quando o homem escaldado pulou, o negociante disse calmamente:

– Não se preocupe, vizinho; acidentes acontecem nas melhores famílias. – E prosseguiu: – Sempre fico furioso quando ouço um homem falar sobre a fidelidade dos negros. Não há um único deles que não cairia no mundo se tivesse a menor das oportunidades.

A essa altura, estávamos perto de Charleston; meu mestre agradeceu ao capitão pelo conselho, e todos se retiraram e foram para o convés, onde o negociante achou que estava se tornando bastante eloquente. Ele reuniu uma multidão ao seu redor e, com ênfase, disse:

– Capitão, se eu fosse o presidente destes poderosos Estados Unidos da América, o maior e mais livre país de todo o universo, eu jamais permitiria que um homem, não importa quem fosse, levasse um negro para o Norte e o trouxesse de volta para cá, cheio até a borda, como ele certamente estará, dos malditos vícios sobre a abolição, para manchar todos os negros tranquilos com o infernal espírito de fuga. Esses são, capitão, meus desajeitados, cotidianos, inconstantes sentimentos, e como este é um país livre, capitão, não me importo com quem os ouve, pois sou um homem do Sul, cada centímetro de mim no corpo e na alma.

– Ótimo! – disse um indivíduo de aparência insignificante, com estampa de traficante de escravos.

– Três vivas para John C. Calhoun e para todo o belo e ensolarado Sul! – acrescentou o negociante.

Eles, então, tiraram seus chapéus e um rugido terrível de aplausos irregulares, mas contínuos, explodiu. Meu mestre não deu mais atenção ao negociante. Apenas disse ao capitão que o ar no convés estava muito forte para ele e que, portanto, voltaria para a cabine.

Enquanto o negociante estava no auge de sua eloquência, poderia muito bem ter dito, como o fez um de seus companheiros em uma grande reunião de obstrução parlamentar, que "Quando a grande águia americana colocar uma de suas poderosas garras no Canadá e a outra na América do Sul, e suas gloriosas e estreladas asas de liberdade se estenderem do Atlântico ao Pacífico, oh! então, como ficará a Inglaterra, senhores? Eu lhes digo, ela servirá apenas como um lenço de bolso para Jonathan limpar o nariz".

Quando meu mestre entrou na cabine, encontrou na mesa do café da manhã um jovem oficial militar sulista, com quem havia viajado uma certa distância no dia anterior.

Depois de fazer os cumprimentos de praxe, a conversa se voltou para o assunto de sempre: os negros.

O oficial, que também estava viajando com um servo, disse ao meu senhor:

– O senhor me desculpe por dizer, mas acho muito provável que vá acabar estragando seu garoto dizendo "obrigado" a ele. Eu lhe asseguro, senhor, que nada estraga tanto um escravo quanto dizer-lhe "obrigado" e "por gentileza". A única maneira de fazer com que um negro cumpra suas obrigações e de mantê-lo em seu lugar é atacá-lo como um trovão e mantê-lo tremendo como uma folha. Você não vê que, quando eu falo com meu Ned, ele dispara como um raio? E se não o fizesse, eu o esfolaria.

Naquele momento, o pobre escravo abatido entrou, e o oficial xingou-o, instigando-lhe medo, apenas para ensinar ao meu senhor o que ele chamava de maneira correta de me tratar.

Depois que ele saiu a fim de preparar a bagagem do seu mestre, o oficial disse:

– Essa é a maneira de falar com eles. Se todos os negros fossem treinados dessa maneira, seriam tão humildes quanto cachorros e nunca ousariam fugir.

O cavalheiro insistiu com meu mestre que não fosse para o Norte para recuperar sua saúde, mas que visitasse Warm Springs, no Arkansas.

Meu mestre disse que achava que o ar da Filadélfia seria mais adequado à sua queixa e, não apenas isso, achava que poderia receber melhor assessoramento lá.

O barco havia agora chegado ao cais. O oficial desejou ao meu mestre uma viagem segura e agradável e deixou o salão.

Havia um grande número de pessoas no cais aguardando a chegada do navio a vapor, mas nós estávamos com medo de sair, pois temíamos que alguém pudesse me reconhecer, ou que eles tivessem ouvido que tínhamos fugido e tivessem telegrafado para nos deter. No entanto, depois de permanecermos na cabine até que todos os outros passageiros tivessem saído, colocamos nossa bagagem em um cabriolé, eu peguei meu mestre pelo braço e, com um pouco de dificuldade, ele mancou até a orla, entrou e dirigiu-se até o melhor hotel, onde John C. Calhoun e todos os outros grandes e destemidos estadistas sulistas se hospedavam em Charleston.

Ao chegar ao local, o proprietário saiu correndo e abriu a porta, mas, julgando que meu mestre era inválido por causa dos emplastros e dos óculos verdes, pegou-o com muito carinho por um braço e ordenou que seu empregado o pegasse pelo outro.

Meu mestre, então, conseguiu sair, e, com a ajuda deles, não teve dificuldade para subir os degraus do hotel. O proprietário me fez ficar de um lado, enquanto dava ao meu senhor a atenção e a homenagem que ele achava que um cavalheiro de sua alta posição merecia.

Meu senhor pediu um quarto de dormir. O servo recebeu ordens de mostrar um bom quarto, para o qual o ajudamos. O servo voltou. Meu senhor, então, me entregou as ataduras, eu as levei para baixo com muita pressa e disse ao proprietário que meu senhor queria dois emplastros quentes o mais rápido possível. Ele tocou a campainha, o servo chegou, e ele lhe disse:

– Corra para a cozinha e diga ao cozinheiro para fazer dois emplastros quentes imediatamente, pois há um cavalheiro que está mal lá em cima!

Em poucos minutos, os emplastros fumegantes foram trazidos. Coloquei-os em lenços brancos e subi correndo as escadas, entrei no apartamento de meu mestre, fechei a porta e coloquei-os sobre a lareira. Como ele estava sozinho por algum tempo, achou que poderia descansar muito melhor sem os emplastros. No entanto, era necessário tê-los para completar o restante da viagem. Em seguida, pedi o jantar e tirei as botas do meu mestre para engraxá-las. Enquanto fazia isso, entrei em uma conversa com um dos escravos. Posso afirmar aqui que na costa marítima da Carolina do Sul e da Geórgia os escravos falam um inglês pior do que em qualquer outra parte do país. Isso se deve à frequente importação ou introdução de africanos, que se misturam aos nativos. Consequentemente, o idioma não pode ser chamado adequadamente de inglês ou africano, mas sim de uma corrupção dos dois.

O perspicaz filho de pais africanos a quem me referi me disse:

– Diga, irmão, de onde você veio e de que lado você vai ficar com aquele seu pequeno *don up buckra* (homem branco)?

– Para a Filadélfia – respondi.

– O quê! – exclamou ele com espanto. – Para a "Philumadelphy"?

– Sim – eu disse.

– Diabos! Eu gostaria ir com você! Ouvi dizer que não tem escravos naquelas partes, é mesmo?

– Já ouvi a mesma coisa – respondi calmamente.

– Bem – continuou ele, enquanto jogava a bota e a escova no chão e, colocando as mãos nos bolsos, desfilava pelo chão com um ar de independência: – pelos céus, essas são as bandas para o Pompeu; e espero que, quando você chegar lá, fique e nunca mais siga esse *buckra* de volta para essas bandas desagradáveis daqui, mesmo que ele seja muito bom.

Eu lhe agradeci e, assim que peguei as botas e comecei a andar, ele pegou minha mão entre as suas, apertou-a com força e, com lágrimas escorrendo pelo rosto, disse:

– Deus o abençoe, irmão, e que o Senhor esteja com você. Quando tiver a liberdade e se sentar sob sua própria vinha e figueira, não se esqueça de orar pelo pobre Pompeu.

Eu estava com medo de dizer muito a ele, mas nunca me esquecerei de seu pedido sincero, nem deixarei de fazer o pouco que puder para libertar os milhões de escravos infelizes, entre os quais ele era um deles.

Na hora certa, meu mestre colocou os emplastros e sentou-se à mesa em uma sala de jantar muito brilhante para sua refeição. Ao mesmo tempo, eu precisava comer alguma, a fim de estar pronto para o barco; então eles deram meu jantar em um prato velho e quebrado, com uma faca e um garfo enferrujados, e disseram:

– Aqui, garoto, você vai para a cozinha.

Peguei o prato e saí, mas não fiquei mais do que alguns minutos, pois estava com muita pressa de voltar para ver como o inválido estava se saindo. Ao chegar, encontrei dois ou três criados servindo-o; mas como ele não se sentia bem para comer muito, logo terminou, pagou a conta e deu uma coisinha a cada um dos criados, o que fez com que um deles, querendo dizer que meu mestre era muito distinto, me dissesse:

– Seu mestre é um grande inseto; é o maior cavalheiro que esteve por aqui nos últimos seis meses.

– Sim, ele é algumas abóboras – respondi, o que tem o mesmo significado de "um grande inseto".

Quando saímos de Macon, nossa intenção era pegar um navio a vapor em Charleston e ir até Filadélfia; mas, ao chegar lá, descobrimos que os navios não navegavam durante o inverno, e não tenho dúvidas de que foi bom para nós que não o fizessem, pois, na última viagem que o navio a vapor fez e que pretendíamos tomar, um fugitivo foi descoberto escondido a bordo e enviado de volta à escravidão. No entanto, como também tínhamos ouvido falar da Overland Mail Route, estávamos bem. Então, mandei que um cabriolé viesse até a porta, coloquei a bagagem, e fomos até o escritório da alfândega, que ficava perto cais, onde tínhamos que comprar passagens para pegar um navio a vapor para Wilmington, na Carolina do Norte. Quando chegamos ao prédio, ajudei meu mestre a entrar no escritório, que estava lotado de passageiros. Ele pediu uma passagem para si e outra para seu escravo para a Filadélfia. Isso fez com que o oficial principal – um sujeito de aparência muito ruim e cor de queijo, que estava sentado ali – olhasse para nós com muita desconfiança e, em um tom de voz violento, me dissesse:

– Garoto, você pertence a esse senhor?

– Sim, senhor – respondi rapidamente (o que estava correto).

As passagens foram distribuídas, e enquanto meu senhor pagava por elas, o chefe disse a ele:

– Quero que registre seu nome aqui, senhor, e também o nome do seu negro, e pague um dólar de imposto sobre ele.

Meu mestre pagou o dólar e, apontando para a mão que estava no emplastro, pediu ao oficial que registrasse seu nome para ele. Isso pareceu ofender o sul-caroliniano de "alta estirpe". Ele se levantou, balançou a cabeça e, enfiando as mãos quase no fundo dos bolsos da calça, com um ar de intimidador de escravo, disse:

– Não vou fazer isso.

Isso atraiu a atenção de todos os passageiros. Naquele momento, o jovem oficial militar com quem meu mestre viajara e conversara no navio a vapor de Savannah interveio, um tanto afetado por causa do conhaque; ele apertou a mão de meu mestre e fingiu saber tudo sobre ele. Então, disse:

– Conheço seus parentes e amigos como um livro! – E como o oficial era conhecido em Charleston e estava indo para lá com amigos, o reconhecimento contou muito em favor do meu mestre.

O capitão do navio a vapor, um sujeito de boa aparência e jovial, vendo que o cavalheiro parecia conhecer meu mestre, e talvez não desejando nos perder como passageiros, disse de um jeito descontraído, como o de um marinheiro:

– Eu vou registrar o nome do cavalheiro e assumir a responsabilidade – e perguntou o nome do meu mestre.

Ele disse:

– William Johnson.

Os nomes que ele escreveu, eu acho que foram: "Sr. Johnson e escravo".

E o capitão falou:

– Está tudo bem agora, sr. Johnson.

Meu mestre agradeceu gentilmente, e o jovem oficial implorou-lhe que o acompanhasse para tomar uma bebida e fumar um charuto; mas como não havia adquirido essas habilidades, meu mestre se desculpou; então nós subimos a bordo e partimos para Wilmington, Carolina do Norte. Quando o cavalheiro descobrir seu erro, não tenho dúvidas de que ele, no futuro, tomará cuidado para não fingir ser íntimo de um estranho. Durante a viagem, o capitão disse:

– Foi uma altercação bastante forte esta manhã, sr. Johnson. Não foi por desrespeito a você, senhor, mas eles têm como regra ser muito rigorosos em Charleston. Já fiquei sabendo de famílias que foram detidas lá com seus escravos até que informações confiáveis pudessem ser recebidas a respeito deles.

Se não fossem tão cuidadosos, qualquer abolicionista maldito poderia levar muitos negros valiosos.

– Acho que sim – meu mestre respondeu e agradeceu novamente por tê-lo ajudado a superar a dificuldade.

Chegamos a Wilmington na manhã seguinte e pegamos o trem para Richmond, na Virgínia. Eu disse que os vagões de trem americanos (ou carros, como são chamados) são construídos de forma diferente dos da Inglaterra. Em uma das extremidades de alguns deles, no Sul, há um pequeno aposento com sofá em ambos os lados para a conveniência de famílias e inválidos; e, como acharam que meu senhor estava muito mal, permitiram que ele entrasse em um desses aposentos em Petersburg, Virgínia, onde um senhor idoso e duas belas moças, suas filhas, também entraram e se sentaram mesmo vagão. Mas, antes que o trem partisse, o senhor entrou no meu vagão e me questionou a respeito do meu mestre. Ele queria saber o que estava acontecendo com ele, de onde era e para onde estava indo. Eu lhe disse de onde ele vinha e que estava sofrendo de uma complicação de males e estava indo para a Filadélfia, onde achava que poderia obter conselhos mais adequados do que na Geórgia.

O cavalheiro disse que meu mestre poderia obter os melhores conselhos na Filadélfia. O que se mostrou bastante correto, embora ele não tenha recebido conselhos de médicos, mas de abolicionistas gentis que entendiam muito melhor o seu caso. O cavalheiro também disse:

– Creio que o pai de seu mestre não tem mais garotos tão fiéis e inteligentes como você.

– Oh, sim, senhor, ele tem –, respondi. – Tem muitos deles – o que era literalmente verdade.

Agradeceu-me, me deu uma moeda de dez centavos e pediu que eu ficasse atento ao meu bom mestre. Prometi-lhe que faria isso e, desde então, tenho me esforçado para cumprir minha promessa. Durante a ausência do cavalheiro, as senhoras e meu mestre tiveram uma agradável conversa. Mas, ao retornar, ele disse:

– O senhor parece estar muito enfermado.

– Sim, senhor – respondeu o cavalheiro com os emplastros.

– Qual parece ser o seu problema, senhor; posso perguntar?

– Reumatismo inflamatório, senhor.

– Oh! isso é muito ruim, senhor – disse o gentil cavalheiro. – Posso me solidarizar com o senhor, pois sei, por amarga experiência, o que é o reumatismo.

Se ele sabia, sabia muito mais do que o sr. Johnson.

O cavalheiro achou que meu senhor se sentiria melhor se se deitasse e descansasse; e como ele estava ansioso para evitar conversas, imediatamente acatou essa sugestão. As senhoras educadamente se levantaram, pegaram seus xales extras e fizeram um belo travesseiro para a cabeça do inválido. Meu mestre usava uma capa de tecido elegante, que elas pegaram e o cobriram confortavelmente no sofá. Depois que ele ficou deitado por algum tempo, as senhoras, suponho, acharam que ele estava dormindo; então, uma delas deu um longo suspiro e disse, em um tom calmo e fascinante:

– Papai, ele parece ser um jovem cavalheiro muito agradável.

Mas antes que o papai pudesse falar, a outra senhora disse rapidamente:

– Oh! meu Deus, nunca senti tanto por um cavalheiro em minha vida!

Para usar uma expressão americana, "elas se apaixonaram pelo sujeito errado".

Depois que meu mestre ficou deitado por algum tempo, ele se levantou, o cavalheiro ajudou-o a vestir sua capa, as senhoras pegaram seus xales e logo todos estavam sentados. Elas então insistiram para que o sr. Johnson pegasse alguns de seus refrescos, o que ele fez, é claro, por cortesia para com as senhoras. Todos continuaram a se divertir até chegarem a Richmond, onde as senhoras e seu pai deixaram o trem. Mas, antes de sair, o bom e velho cavalheiro da Virgínia, que parecia ter se agradado muito do meu mestre, apresentou-lhe uma receita que, segundo ele, era uma cura perfeita para o reumatismo inflamatório. Mas o inválido, não sendo capaz de lê-la e temendo segurá-la de cabeça para baixo ao fingir fazê-lo, agradeceu gentilmente ao doador e a colocou no bolso do colete. O novo amigo de meu mestre também lhe deu seu cartão e pediu-lhe que, na próxima vez que viajasse para aquela região, fizesse a gentileza de visitá-lo, acrescentando:

– Ficarei feliz em vê-lo, assim como minhas filhas.

O sr. Johnson expressou sua gratidão pela hospitalidade oferecida e disse que ficaria feliz em visitá-lo quando voltasse. Não tenho a menor dúvida de que ele cumprirá a promessa quando esse retorno ocorrer. Depois de trocar de trem, fomos um pouco além de Fredericksburg e pegamos um navio a vapor para Washington.

Em Richmond, uma senhora idosa e robusta, cujo comportamento indicava que ela pertencia (como diz a tia Chloe da sra. Stowe) a uma das "famílias mais importantes", entrou na carruagem e sentou-se perto do meu senhor. Ao me ver passando rapidamente pela plataforma, ela se levantou como se tivesse sido tomada por um ataque e exclamou:

– Minha nossa, lá vai meu negro, Ned!

Meu mestre disse:

– Não, aquele é meu garoto.

A senhora não deu atenção a isso; então, colocou a cabeça para fora da janela e gritou para mim:

– Você, Ned, venha até mim, senhor, seu patife fugitivo!

Quando olhei em volta, ela colocou a cabeça para dentro e disse ao meu mestre:

– Peço-lhe perdão, senhor, eu tinha certeza de que era o meu negro; nunca vi dois porcos pretos tão parecidos quanto o seu garoto e o meu Ned.

Depois que a desapontada senhora retomou seu assento e o trem começou a se mover, ela fechou os olhos, levantou ligeiramente as mãos e, em um tom santificado, disse ao meu mestre:

– Ó! Espero, senhor, que seu garoto não se torne tão inútil quanto o meu Ned. Ó! Fui tão gentil com ele, como se fosse meu próprio filho. Senhor, fico muito triste ao pensar que, depois de tudo o que fiz por ele, ele acabasse indo embora sem ter motivo algum.

– Quando ele a deixou? – perguntou o sr. Johnson.

– Há cerca de dezoito meses, e desde então nunca mais vi um vestígio sequer dele.

– Ele tinha uma esposa? – perguntou um jovem cavalheiro de aparência muito respeitosa, que estava sentado perto do meu mestre e em frente à senhora.

– Não, senhor; não quando ele partiu, embora tenha tido uma um pouco antes disso. Ela era muito diferente dele; era uma negra tão boa e tão fiel quanto qualquer pessoa poderia desejar ter. Mas, coitada, ficou tão doente que não conseguia mais trabalhar muito, então achei que seria melhor vendê-la, para ir para Nova Orleans, onde o clima é agradável e quente.

– Suponho que ela tenha ficado muito feliz em ir para o Sul para recuperar sua saúde – disse o cavalheiro.

– Não, não ficou – respondeu a senhora –, pois os negros nunca sabem o que é melhor para eles. Ela ficou extremamente agitada quanto a deixar Ned e o negrinho, mas como estava muito fraca, eu a vendi e a mandei para longe.

– Ela era bonita? – perguntou o jovem passageiro, que evidentemente não tinha a mesma opinião que a senhora falante e, portanto, queria que ela contasse tudo o que sabia.

– Sim, era muito bonita e muito mais branca do que eu; portanto, não terá problemas para conseguir outro marido. Tenho certeza de que desejo o melhor para ela. Pedi ao especulador que a comprou que a vendesse a um bom dono. Pobrezinha! Ela tem minhas orações, e sei que reza por mim. Ela era uma boa cristã e sempre costumava orar por minha alma. Foi por meio de suas primeiras orações – continuou a senhora – que fui levada a buscar a remissão de meus pecados, antes de me converter na grande reunião campal.

O silêncio que prevaleceu por alguns instantes foi quebrado quando o cavalheiro disse:

– Como sua "July" era uma garota muito boa e a serviu tão fielmente antes de perder a saúde, você não acha que teria sido melhor emancipá-la?

– Não, não acho mesmo! – exclamou a senhora com desdém, enquanto enfiava impacientemente o lenço fino em uma pequena bolsa de trabalho. – Não tenho paciência com pessoas que dão liberdade aos negros. É a pior coisa que se pode fazer por eles. Meu querido marido, pouco antes de morrer, deixou todos os seus negros livres. Mas eu e todos os nossos amigos sabíamos muito bem que ele era um homem bom demais para ter pensado em fazer uma coisa tão cruel e tola se estivesse em seu juízo perfeito e, portanto, alteramos o testamento como deveria ter sido em primeiro lugar.

Meu mestre, então, perguntou:

– Você quis dizer, senhora, que querer libertar os escravos foi injusto com você ou cruel com eles?

– Quero dizer que foi decididamente cruel com os próprios servos. Sempre me parece uma crueldade deixar os negros soltos para trabalharem por conta própria, quando há tantos bons senhores para cuidar deles. – E a senhora atenciosa continuou: – Quanto a mim, agradeço ao Senhor por meu querido marido ter deixado a mim e a meu filho bem providos. Portanto, não me importo com os negros por minha causa, pois eles dão muito mais trabalho do que valem, e às vezes gostaria que não houvesse nenhum deles no mundo, pois os infelizes ingratos estão sempre fugindo. Perdi nada menos que dez desde que meu pobre marido morreu. É uma ruína, senhor!

– Mas como você está bem provida, suponho que não sinta a perda – disse o passageiro.

– Não sinto de modo algum – continuou arrogantemente a boa alma. – Mas isso não é motivo para que a propriedade seja desperdiçada. Se meu filho e eu tivéssemos o dinheiro para esses valiosos negros, veja só quanto bem poderíamos fazer pelos pobres e enviar missionários ao exterior para os pobres pagãos que nunca ouviram o nome de nosso abençoado Redentor. Meu querido filho, que é um bom ministro cristão, me aconselhou a não me preocupar e mandar minha alma para o inferno por causa dos negros, mas a vender cada um deles pelo preço que eles podem render e ir viver em paz com ele em Nova York. Foi o que decidi fazer. Acabo de ir a Richmond e combinei com meu agente que os quarenta que sobraram serão vendidos sem problemas.

– Sendo seu filho um bom ministro cristão – disse o cavalheiro –, é estranho que ele não a tenha aconselhado a deixar os pobres negros terem liberdade e irem para o Norte.

– Não é nada estranho, senhor; não é nada estranho. Meu filho sabe o que é melhor para os negros; ele sempre me disse que eles estavam muito melhor do que os negros livres do Norte. Na verdade, não acredito que haja nenhum trabalhador branco no mundo que esteja tão bem quanto os escravos.

– A senhora está completamente enganada – disse o jovem. – Por exemplo, minha própria mãe viúva, antes de morrer, emancipou todos os seus escravos e os enviou para Ohio, onde estão se dando bem. Eu mesmo vi vários deles no verão passado.

– Bem – respondeu a senhora –, a liberdade pode servir para os pretos de sua mãe, mas nunca servirá para os meus; e, que diabos, eles nunca a terão; essa é a realidade pura, simples e sem adornos.

– Se a liberdade não for suficiente para seus escravos – respondeu o passageiro –, não tenho dúvidas de que seu Ned e os outros nove negros descobrirão o erro e voltarão para seu antigo lar.

– Que se danem! – exclamou a velha senhora, com grande ênfase. – Se algum dia eu os pegar, vou fazer um ensopado infernal deles e curtir bem suas malditas peles negras! Deus me perdoe – acrescentou a velha alma –, os negros vão me fazer perder toda a minha religião!

A essa altura, a senhora já havia chegado ao seu destino. O cavalheiro desceu na próxima estação. Assim que ela se foi, o jovem sulista disse ao meu mestre:

– Que vergonha é aquela velha chorona e hipócrita enganar os pobres negros tirando-lhes a liberdade! Se ela tem religião, que o diabo me impeça de ser convertido!

Com o objetivo de me disfarçar um pouco, comprei e usei um castor branco de segunda mão muito bom, um artigo que eu nunca havia usado antes. Então, pouco antes de chegar a Washington, um fazendeiro rude, que estava me observando de perto, disse ao meu mestre:

– Estrangeiro, acho que você está estragando aquele seu negro, deixando-o usar um chapéu tão bonito. Dê uma olhada no tipo dele; o Presidente não poderia usar um melhor. Eu bem que gostaria de chutá-lo para fora.

Seu amigo o tocou e disse:

– Não fale assim com um cavalheiro.

– Por que não? – exclamou o sujeito, que rangendo os dentes curtos, que pareciam estar quase desgastados pela mastigação incessante de tabaco, disse: – Sempre fico com coceira da cabeça aos pés para pegar todo negro que vejo vestido como um homem branco. Washington está repleta de pretos livres e estragados. Se eu pudesse, venderia cada um desses malditos canalhas para o Sul, onde o diabo seria lançado sobre eles.

A maneira feroz desse homem fez com que meu mestre se sentisse bastante nervoso e, por isso, achou que quanto menos falasse, melhor seria; assim, foi embora sem dar resposta alguma. Em poucos minutos, desembarcamos em Washington, onde pegamos um transporte e corremos para o trem para Baltimore.

Deixamos nosso chalé na manhã de quarta-feira, 21 de dezembro de 1848, e chegamos a Baltimore na noite de sábado, 24 (véspera de Natal). Baltimore foi o último porto de escravos de alguma importância em que paramos.

Ao chegarmos lá, ficamos mais ansiosos do que nunca, pois não sabíamos o que aquela última noite escura traria. É verdade que estávamos próximos do objetivo, mas nossos pobres corações ainda estavam como se estivessem sendo jogados no mar; e, como havia outra grande e perigosa barreira a ser ultrapassada, tínhamos medo de que nossa liberdade fosse destruída e, como a malfadada Royal Charter, afundasse para sempre bem perto do local que desejávamos alcançar.

Eles são particularmente atentos em Baltimore para evitar que escravos escapem para a Pensilvânia, que é um estado livre. Depois de colocar meu senhor em uma das melhores carruagens, e quando estava prestes a entrar na minha, um oficial, um ianque puro-sangue de ordem inferior, me viu. Aproximou-se rapidamente e, batendo em meu ombro, disse em seu inconfundível sotaque nativo, juntamente com uma não pequena demonstração de sua autoridade:

– Para onde você está indo, garoto?

– Para a Filadélfia, senhor – respondi humildemente.

– Bem, por que está indo para lá?

– Estou viajando com meu mestre, que está na próxima carruagem, senhor.

– Bem, acho que é melhor tirá-lo de lá; e seja muito rápido, pois o trem vai partir em breve. É contra as minhas regras permitir que qualquer homem leve um escravo a partir daqui, a menos que ele possa convencê-los no escritório de que tem o direito de levá-lo junto.

O oficial então passou e me deixou em pé na plataforma, com o coração ansioso aparentemente palpitando na garganta. No início, eu mal sabia para onde me virar. Mas logo me ocorreu que o bom Deus, que estivera conosco até então, não nos abandonaria na última hora. Assim, com esperança renovada, entrei na carruagem de meu mestre para informá-lo da dificuldade. Eu o encontrei sentado na extremidade mais distante, completamente sozinho. Assim que olhou para cima e me viu, ele sorriu. Eu também tentei manter um semblante alegre, a fim de quebrar o choque da triste notícia. Eu sabia o que o fazia sorrir. Ele sabia que, se tivéssemos sorte, chegaríamos ao nosso destino às cinco horas da manhã seguinte, e isso tornava ainda mais doloroso comunicar o que o oficial havia dito; mas, como não havia tempo a perder, fui até ele e perguntei como se sentia. Ele disse que estava muito melhor e que agradecia a Deus por estarmos indo tão bem. Eu então disse que não estávamos indo tão bem quanto havíamos previsto. Ele, ansiosa e rapidamente, perguntou qual era o problema e eu lhe disse. Ele se assustou, como se tivesse sido atingido por um raio, e exclamou:

– Santo Deus! William, é possível que estejamos, afinal de contas, condenados a um cativeiro sem esperança?

Não consegui dizer nada, meu coração estava cheio demais para falar, pois, a princípio, não sabia o que fazer. No entanto, sabíamos que nunca seria bom voltarmos para a "Cidade da Destruição", como Desconfiança e Temeroso, de Bunyan, porque eles viram leões no estreito caminho depois de subir a colina Dificuldade; mas prosseguir, como os nobres Cristão e Esperançoso, para a grande cidade em que habitavam alguns "resplandescentes". Então, depois de alguns momentos, fiz tudo o que pude para encorajar meu companheiro, e saímos, indo para o escritório; mas como ou onde meu mestre obteve coragem suficiente para enfrentar os tiranos que tinham o poder de destruir tudo o que nos era caro, só Deus sabe! A Rainha Elizabeth não poderia ter ficado mais aterrorizada ao ser forçada a aterrissar no portão dos traidores que levava à Torre do que nós ao entrarmos naquele escritório. Sentimos que nossa própria existência estava em jogo e que deveríamos afundar ou nadar. Mas como Deus era nosso ajudante presente e poderoso, tanto nessa como em todas as provações anteriores, conseguimos manter a cabeça erguida e seguir em frente.

Ao entrarmos na sala, encontramos o homem responsável, a quem meu mestre disse:

– Deseja me ver, senhor?

– Sim – disse esse oficial com olhos de águia, e acrescentou: – É contra nossas regras, senhor, permitir que qualquer pessoa leve um escravo de Baltimore para a Filadélfia, a menos que possa nos convencer de que tem o direito de levá-lo.

– Por que isso? – perguntou meu mestre com mais firmeza do que se poderia esperar.

E ele respondeu com uma voz e um jeito que quase gelaram nosso sangue:

– Porque, senhor, se permitirmos que qualquer cavalheiro leve um escravo daqui para a Filadélfia; e se o cavalheiro com quem o escravo estiver viajando não for seu legítimo proprietário; e se o próprio senhor vier e provar que seu escravo escapou em nossa estrada, teremos que pagar por ele; portanto, não podemos deixar nenhum escravo passar por aqui sem receber uma garantia para mostrar e nos satisfazer de que está tudo bem.

Essa conversa atraiu a atenção de um grande número de passageiros agitados. Depois que o oficial terminou de falar, alguns deles disseram: "Shss, shss, shss"; não porque pensassem que éramos escravos tentando fugir, mas simplesmente porque achavam que meu senhor era um proprietário de escravos e um cavalheiro inválido e, portanto, era errado detê-lo. O oficial, observando que os passageiros simpatizavam com meu senhor, perguntou-lhe se ele não conhecia algum senhor em Baltimore que pudesse endossar por ele, para mostrar que eu era sua propriedade e que ele tinha o direito de me levar embora. Ele disse:

– Não – e acrescentou: – Comprei passagens em Charleston para nos levar à Filadélfia e, portanto, o senhor não tem o direito de nos deter aqui.

– Bem, senhor – disse o homem, indignado –, com ou sem direito, não vamos deixá-lo ir.

Essas palavras cortantes caíram sobre nossos corações ansiosos como o estalo da desgraça e nos fizeram sentir que a esperança só sorria para enganar.

Por alguns instantes, reinou um silêncio perfeito. Meu senhor olhava para mim e eu para ele, mas nenhum de nós ousava dizer uma palavra, com medo de cometer alguma gafe que pudesse contribuir para sermos descobertos. Sabíamos que os oficiais tinham poder para nos jogar na prisão e, se tivessem feito isso, teríamos sido detectados e levados de volta, como os criminosos mais vis, para uma vida de escravidão que temíamos muito mais do que a morte súbita.

Sentimos como se tivéssemos entrado em águas profundas e estivéssemos prestes a ser submergidos, e que o menor erro cortaria o último e frágil fio de esperança pelo qual estávamos suspensos e nos deixaria cair para sempre no poço escuro e horrível de miséria e degradação do qual estávamos nos esforçando ao máximo para escapar. Enquanto nosso coração clamava vigorosamente por Aquele que está sempre pronto e é capaz de salvar, o condutor do trem que acabáramos de deixar entrou em cena. O oficial perguntou se tínhamos vindo de Washington no trem com ele; ele respondeu que sim e saiu da sala. Naquele momento, o sino tocou para que o trem partisse e, se tivesse sido o choque repentino de um terremoto, não poderíamos ter sentido um arrepio maior. O som do sino fez com que todos os olhos piscassem com aparente interesse e ficassem mais fixos em nós do que antes. Mas, pela graça de Deus, o oficial imediatamente passou os dedos pelos cabelos e, em um estado de grande agitação, disse:

– Eu realmente não sei o que fazer; acho que está tudo bem.

Então disse ao funcionário que corresse e dissesse ao condutor para "deixar esse senhor e seu escravo passarem", e acrescentou: – Como ele não está bem, é uma pena detê-lo aqui. Nós o deixaremos ir.

Meu senhor agradeceu, saiu e atravessou a plataforma mancando o mais rápido possível. Eu o coloquei, sem cerimônia, em um dos melhores vagões e pulei para o meu no momento em que o trem estava deslizando em direção ao nosso feliz destino.

Pensamos nesse plano cerca de quatro dias antes de sairmos de Macon, e como tínhamos nossas tarefas diárias das quais cuidar, só nos víamos à noite. Assim, passamos as quatro longas noites conversando sobre o plano e fazendo os preparativos.

Além disso, estávamos viajando há quatro dias, e como viajávamos dia e noite, tínhamos poucas oportunidades de dormir. Acredito que nada no mundo poderia ter nos mantido acordados por tanto tempo, a não ser a intensa excitação produzida pelo medo de sermos capturados, por um lado, e a brilhante expectativa de liberdade, por outro.

Saímos de Baltimore por volta das oito horas da noite, e como não sabíamos de nenhum ponto de parada de importância entre a cidade e Filadélfia, e também sabendo que, se tivéssemos sorte, estaríamos neste último lugar no início da manhã seguinte, achei que poderia dormir alguns minutos no vagão; mas como o Cristão de Bunyan no caramanchão, fui dormir na hora errada e tirei um cochilo muito longo. Assim, quando o trem chegou a Havre de Grace, todos os passageiros da primeira classe tiveram que sair dos vagões e entrar em uma balsa para atravessar o rio Susquehanna e pegar o trem no lado oposto.

A estrada fora construída de modo a ser elevada ou abaixada de acordo com a maré. Assim, eles rolaram as carroças de bagagem para o barco e para o outro lado; e como eu estava em um dos compartimentos ao lado de um vagão de bagagem, eles consideraram desnecessário me acordar e me derrubaram com bagagem. Porém, quando pediram ao meu senhor que deixasse seu assento, ele descobriu que estava muito escuro, frio e chovendo. Sentiu minha falta pela primeira vez na viagem. Em todas as ocasiões anteriores, assim que o trem parava eu estava à disposição para ajudá-lo. Isso fez com que muitos proprietários de escravos me elogiassem bastante; eles diziam que nunca tinham visto um escravo tão atencioso com seu senhor, de modo que a minha ausência o encheu de terror e confusão; os filhos de Israel não poderiam ter se sentido mais perturbados ao chegar ao Mar Vermelho. Por isso, ele perguntou ao condutor se ele sabia algo de seu escravo. O homem, que era uma espécie de abolicionista e acreditava que meu senhor era realmente um proprietário de escravos, pensou em provocá-lo um pouco a meu respeito. Então ele disse:

– Não, senhor; não sei nada dele há algum tempo. Não tenho dúvidas de que já fugiu e está na Filadélfia, livre, há muito tempo.

Meu mestre sabia que não era nada disso; então perguntou ao condutor se ele poderia ver se me encontrava. O homem respondeu indignado:

– Não sou caçador de escravos e, no que me diz respeito, cada um deve cuidar de seus próprios negros.

Ele foi embora e deixou o inválido confuso, imaginando o que quisesse. Meu mestre, a princípio, pensou que eu deveria ter sido sequestrado por alguém para ser escravo, ou abandonado, ou talvez morto no trem. Ele também pensou em parar para ver se conseguia ouvir alguma coisa sobre mim, mas logo se lembrou de que não tinha dinheiro. Naquela noite, todo o dinheiro que tínhamos foi colocado em meu próprio bolso, pois pensamos que, caso houvesse algum batedor de carteiras por perto, o bolso de um escravo seria o último a ser procurado. No entanto, na esperança de me encontrar algum dia em uma terra de liberdade, e como tinha as passagens, ele achou melhor entrar no barco, ir para a Filadélfia, e tentar se virar sozinho neste mundo frio e vazio da melhor maneira possível. Como o tempo já havia se esgotado, ele embarcou e partiu com sentimentos que podem ser mais bem imaginados do que descritos.

Depois que o trem já estava a caminho da Filadélfia, o guarda entrou no meu vagão e me deu uma sacudida violenta, gritando ao mesmo tempo:

– Garoto, acorde!

Eu comecei a me mexer, assustado até a morte.

– Seu mestre está morrendo de medo de você – disse ele.

Isso me assustou ainda mais – achei que o haviam descoberto; então, perguntei ansiosamente qual era o problema.

– Ele acha que você fugiu – disse o guarda.

Isso me tranquilizou. Eu disse:

– Não, senhor; estou convencido de que meu bom mestre não pensa assim.

Então, saí para vê-lo. Ele estava terrivelmente nervoso, mas, ao me ver, imediatamente se sentiu muito melhor. Só queria saber o que havia acontecido comigo.

Ao retornar ao meu assento, encontrei o condutor e duas ou três outras pessoas se divertindo muito com a minha fuga. Então o guarda disse:

– Garoto, o que seu mestre queria[28]?

– Ele só queria saber o que havia acontecido comigo – respondi.

– Não – disse o homem –, não foi isso; ele pensou que você havia saído à francesa para lugares desconhecidos. Eu nunca vi um sujeito tão assustado com a possibilidade de perder seu escravo em toda a minha vida. Agora – continuou o guarda –, deixe-me lhe dar um conselho de amigo. Quando chegar à Filadélfia, fuja e deixe aquele aleijado, tenha a sua liberdade.

– Não, senhor – respondi com indiferença, – não posso prometer que farei isso.

– Por que não? – disse o condutor, evidentemente muito surpreso. – Você não quer sua liberdade?

– Sim, senhor – respondi –, mas nunca fugirei de um mestre tão bom quanto o que tenho atualmente.

Um dos homens disse ao guarda:

– Deixe-o em paz; acho que ele abrirá os olhos quando chegar à Filadélfia e verá as coisas sob outra perspectiva.

Depois de me darem muitas informações, que depois descobri serem bastante úteis, me deixaram em paz.

---

28. Devo esclarecer aqui que todo escravo homem é chamado de "garoto" até ficar bem velho, então os senhores de escravos mais respeitáveis o chamam de "tio". As mulheres são todas "meninas" até ficarem velhas, então são chamadas de "tias". Esta é a razão pela qual a sra. Stowe chama seus personagens de Tio Tom, Tia Chloe, Tio Tiff etc. (N. A.)

Também encontrei um senhor de cor nesse trem, que me recomendou uma pensão mantida por um abolicionista, onde achava que eu estaria bem seguro se quisesse fugir do meu patrão. Agradeci-lhe gentilmente, mas é claro que não lhe contei quem éramos. Tarde da noite, ou melhor, no início da manhã, ouvi um assobio assustador da máquina a vapor; então abri a janela e olhei para fora. Vi um grande número de luzes piscando ao longe, e ouvi um passageiro no vagão ao lado – que também estava com a cabeça para fora da janela – dizer ao seu companheiro:

– Acorde, cavalo velho, estamos na Filadélfia!

A visão daquelas luzes e daquele anúncio me fez sentir quase tão feliz quanto o Cristão de Bunyan deve ter se sentido quando viu a cruz pela primeira vez. Assim como ele, senti que as correias que prendiam o pesado fardo às minhas costas começaram a se soltar e a carga a cair. Também olhei, e olhei de novo, pois me pareceu muito maravilhoso como a simples visão de nossa primeira cidade de refúgio fez com que meu coração, até então triste e pesado, se tornasse tão leve e feliz. À medida que o trem acelerava, eu me regozijava e agradecia a Deus de todo o coração e alma por sua grande bondade e terna misericórdia, por cuidar de nós e nos trazer em segurança.

Assim que o trem chegou à plataforma, antes mesmo de parar, saí correndo do meu vagão até meu senhor, que imediatamente entrou em um táxi, colocou a bagagem, eu também entrei, e partimos para a pensão que me foi tão gentilmente recomendada. Ao sair da estação, meu patrão – ou melhor, minha esposa, como posso dizer agora –, que, desde o início da viagem havia se comportado de uma maneira que surpreendeu a nós dois, agarrou-me pela mão e disse:

– Graças a Deus, William, estamos a salvo! – E então começou a chorar, inclinou-se sobre mim e chorou feito criança. A reação foi terrível. Assim, quando chegamos à casa, ela estava realmente tão fraca e a ponto de desmaiar que mal conseguia ficar em pé sozinha. No entanto, eu a levei para os apartamentos que foram indicados, e lá nós ajoelhamos, neste sábado, e dia de Natal – um dia que sempre será memorável para nós –, e derramamos nossa sincera gratidão a Deus, por sua bondade em nos permitir superar tantas dificuldades perigosas, escapando das garras dos iníquos.

PARTE II

Depois que se recuperou um pouco, minha esposa se livrou do disfarce e assumiu suas próprias roupas. Em seguida, fomos até a sala de estar e pedimos para falar com o proprietário. O homem entrou, mas pareceu surpreso ao encontrar um escravo fugitivo e sua esposa, em vez de um "jovem plantador de algodão e seu negro". Enquanto seus olhos percorriam a sala, ele me perguntou:

– Onde está o seu mestre?

Eu o indiquei, e o homem respondeu seriamente:

– Não estou brincando, eu realmente quero ver o seu mestre.

Apontei-o novamente; a princípio ele não acreditou em seus olhos; disse que sabia que aquele não era o cavalheiro que viera comigo.

Porém, depois de conversarmos um pouco, ele ficou convencido de que éramos escravos fugitivos e que tínhamos acabado de escapar da maneira que eu havia descrito. Perguntamos se ele achava seguro pararmos na Filadélfia e ele disse que achava que não, mas que chamaria algumas pessoas que sabiam mais sobre as leis do que ele. Então saiu, e gentilmente trouxe vários dos principais abolicionistas cidade, que nos deram as boas-vindas de forma muito calorosa e amigável. Como estávamos em dezembro, e também como tínhamos acabado de deixar um clima muito quente, eles nos aconselharam a não ir para o Canadá, como pretendíamos, mas a nos estabelecermos em Boston, nos Estados Unidos. É verdade que a Constituição da República sempre garantiu aos proprietários de escravos o direito de entrar em qualquer um dos chamados Estados livres e levar seus fugitivos de volta ao sul do Egito. Mas, por meio dos esforços incansáveis, intransigentes e corajosos dos senhores Garrison, Wendell Phillips, Theodore Parker e de uma série de outros nobres abolicionistas de Boston e arredores, a opinião pública em Massachusetts se tornara tão contrária à escravidão e ao sequestro, que era praticamente impossível para qualquer pessoa levar um escravo fugitivo para fora daquele estado.

Assim, seguimos o conselho de nossos bons amigos da Filadélfia e nos estabelecemos em Boston. Terei algo a dizer sobre nossa estada lá em breve.

Entre outros amigos que encontramos na Filadélfia estava Robert Purves, um senhor de cor bem-educado e rico, que nos apresentou ao sr. Barkley Ivens, membro da Sociedade dos Amigos e um fazendeiro nobre e de coração generoso, que morava a certa distância, no campo.

Esse bom samaritano imediatamente nos convidou para ir e ficar tranquilamente com sua família, até que minha esposa pudesse se recuperar um pouco da terrível reação da viagem anterior. Com muita gratidão, aceitamos o convite e, na hora marcada, pegamos um navio a vapor para um lugar acima do Rio Delaware, onde nosso novo e querido amigo nos recebeu com sua pequena e confortável carroça e nos levou para sua feliz casa. Esse foi o primeiro ato de grande e desinteressada bondade que recebemos de uma pessoa branca.

O cavalheiro não tinha a tez mais clara; portanto, como minha esposa não estava na sala quando recebi a informação a respeito dele e de seu caráter antiescravagista, ela pensou que ele era um mestiço como ela. Mas ao chegar à casa e descobrir seu erro, ela ficou mais nervosa e tímida do que nunca.

Quando a carroça entrou no pátio, a querida senhora idosa e suas três encantadoras e afetuosas filhas vieram até a porta para nos receber. Nós descemos, e o senhor disse:

– Entrem e fiquem à vontade; eu cuidarei das bagagens.

Mas minha esposa estava com medo de aproximar-se deles. Ela parou no quintal e me disse:

– William, pensei que estávamos vindo para o meio de pessoas de cor.

Eu respondi:

– Está tudo bem; é como se fossem.

– Não – disse ela –, não está tudo bem, e não vou parar aqui; não tenho a mínima confiança nos brancos, eles só estão tentando nos levar de volta à escravidão.

Ela se virou e disse:

– Estou indo embora.

A senhora idosa, então, com seu sorriso doce, suave e encantador, apertou-a calorosamente pela mão e disse gentilmente:

– Como você está, minha querida? Estamos todos muito felizes em ver você e seu marido. Entre e vá para a lareira; atrevo-me a dizer que você está com frio e com fome depois de sua viagem.

Nós entramos, e as moças perguntaram se ela gostaria subir e "se arrumar" antes do chá.

Minha esposa disse:

– Não, obrigada; só vou parar por um pouco.

– Mas aonde você vai nesta noite fria? – disse o sr. Ivens, que acabara de entrar.

– Não sei – foi a resposta.

– Bem, então acho que é melhor tirar suas coisas e sentar-se perto do fogo; o chá logo estará pronto – disse ele.

– Sim, vamos, Ellen, deixe-me ajudá-la – disse a sra. Ivens, enquanto começava a desatar as amarras do gorro de minha esposa. E continuou: – Não tenha medo, Ellen, não vou machucar um único fio de cabelo de sua cabeça. Ouvimos com muito prazer sobre a maravilhosa fuga sua e de seu marido, e nos solidarizamos profundamente com tudo o que você passou. Não me admira que você, coitadinha, seja tímida, mas não precisa nos temer; nós enviaríamos uma de nossas filhas para a escravidão tão rapidamente quanto enviaríamos você; portanto, fique à vontade!

Essas palavras suaves e tranquilizadoras caíram como um bálsamo sobre os nervos tensos de minha esposa e a derreteram até as lágrimas; seus medos e preconceitos desapareceram e, desde aquele dia, ela acredita firmemente que há pessoas boas e más em todos os tons de pele.

Depois de ver Sally Ann e Jacob, dois empregados domésticos de cor, minha esposa se sentiu em casa. Depois de participarem do que Mose e Pete, da sra. Stowe, chamaram de "ceia de arrebentar", as senhoras quiseram saber se sabíamos ler. Ao saber que não sabíamos, disseram que, se quiséssemos, elas nos ensinariam. A essa gentil oferta, é claro, não houve objeção. Mas olhamos um para o outro com conhecimento de causa suficiente, como que para dizer que elas teriam uma tarefa difícil para enfiar qualquer coisa em nossas cabeças obtusas e maduras.

No entanto, todos se prontificaram a trabalhar: rapidamente recolheram os utensílios do chá, e as senhoras e seu bom irmão trouxeram os livros de ortografia e cópia, as lousas etc. e começaram com seus novos e verdes alunos. Por meio de um estratagema, aprendemos o alfabeto enquanto estávamos na escravidão, mas não os caracteres de escrita; e como tínhamos aprendido tão pouco, a princípio achamos que seria uma perda de tempo para qualquer pessoa em nossa idade tentar aprender a ler e escrever. Mas como as senhoras estavam tão ansiosas para que aprendêssemos e tão dispostas a nos ensinar, decidimos que deveríamos nos dedicar totalmente ao trabalho e ver o que poderia ser feito. Ao fazer isso, ao final das três semanas em que permanecemos com a boa família, conseguíamos soletrar e escrever nossos nomes de forma bastante legível. Todos nos pediram que ficássemos mais tempo, mas, como não estávamos seguros no estado da Pensilvânia, e também porque desejávamos começar a fazer algo para sobreviver, não ficamos.

Quando chegou a hora de partirmos para Boston, foi como se estivéssemos nos separando de nossos parentes. Desde então, encontramos muitos amigos muito gentis e hospitaleiros, tanto na América quanto na Inglaterra, mas nunca estivemos sob um teto onde nos sentíssemos mais à vontade ou onde os moradores tivessem um interesse maior em nosso bem-estar do que o do sr. Barkley Ivens e de sua querida família. Que Deus os abençoe sempre e preserve cada um deles de todo revés da sorte!

Por fim, como já disse, nos estabelecemos em Boston, onde permanecemos por quase dois anos, eu trabalhando como marceneiro e intermediário na compra e venda de móveis, e minha esposa com sua agulha; e, como nossos pequenos ganhos com a escravidão não foram todos gastos na viagem, estávamos indo muito bem e teríamos ganhado dinheiro se não tivéssemos sido obrigados pelo Governo Geral, a mando dos proprietários de escravos, a encerrar os negócios e fugir de debaixo das Estrelas e Listras para salvar nossas liberdades e nossas vidas.

Em 1850, o Congresso aprovou a Lei do Escravo Fugitivo, uma medida infame demais para ter sido pensada ou tolerada por qualquer povo do mundo, exceto pelos sem princípios e tirânicos ianques. A seguir estão algumas das principais características dessa lei, que exige, sob pesadas penalidades, que os habitantes dos estados *livres* não apenas recusem comida e abrigo a um ser humano faminto e caçado, mas também ajudem, se solicitados pelas autoridades, a capturar o infeliz fugitivo e mandá-lo de volta à escravidão.

Em nenhum caso o depoimento de uma pessoa será admitido no Tribunal, em defesa de sua liberdade, quando presa nos termos desta lei.

Se o juiz decidir que o prisioneiro é um escravo, ele receberá dez dólares; mas se o libertar, receberá apenas cinco.

Depois que o prisioneiro é condenado à escravidão, ele é entregue ao Marechal dos Estados Unidos, que tem o poder, às custas do Governo Geral, de convocar uma força suficiente para levar a pobre criatura de volta à escravidão e ao chicote do qual ela fugiu.

Nossos antigos senhores enviaram agentes a Boston atrás de nós. Eles emitiram mandados e os colocaram nas mãos do Marechal dos Estados Unidos para serem executados. Mas a seguinte carta de nosso estimado e fiel amigo, o reverendo Samuel May, de Boston, para nosso igualmente querido e muito lamentado amigo, dr. Estlin, de Bristol, mostrará por que não fomos levados sob custódia.

21, Cornhill, Boston,
6 de novembro de 1850.

Meu caro sr. Estlin,

Espero que, pela boa providência de Deus, esta carta lhe seja entregue em segurança por nossos bons amigos, William e Ellen Craft. Eles vivem entre nós há cerca de dois anos e provaram ser dignos, em todos os aspectos, de nossa confiança e consideração. As leis desta terra republicana e cristã (não diga isso em Moscou nem em Constantinopla) os consideram apenas escravos, bens móveis e propriedades pessoais. Mas eles nobremente reivindicaram seu título e direito à liberdade, dois anos atrás, conquistando seu caminho até ela; pelo menos, assim pensavam. Mas agora, o poder escravocrata, com a ajuda de Daniel Webster e de um bando de traidores menores, promulgou uma lei que coloca suas liberdades, tão caras e compradas, no mais iminente perigo; oferece uma forte tentação a todos os mercenários e rufiões sem princípios para que se tornem seus sequestradores; e estimula os proprietários de escravos em geral a atos tão desesperados para a recuperação de sua propriedade fugitiva, como nunca antes foi promulgado na história deste governo.

Há menos de quinze dias, dois indivíduos de Macon, Geórgia, estiveram em Boston com o propósito de prender nossos amigos William e Ellen. Um mandado foi expedido contra eles pelo Tribunal Distrital dos Estados Unidos, mas não foi expedido pelo Delegado dos Estados Unidos; por que não, não se sabe ao certo: talvez por medo, pois um sentimento geral indignação e uma determinação fria de não permitir que esse jovem casal fosse levado de Boston para a escravidão foram despertados e permearam a cidade. Entende-se que um dos juízes disse ao delegado que ele não teria autorização para arrombar a porta da casa de Craft. Craft se manteve dentro da casa, armou-se e aguardou o evento com notável serenidade. Ellen, nesse meio tempo, foi levada para um lugar retirado da cidade. O Comitê de Vigilância (nomeado em uma reunião tardia no Fanueil Hall) aumentou seu número, realizou uma sessão quase permanente e nomeou várias comissões para agir de diferentes maneiras. Uma dessas comissões chamou repetidamente os srs. Hughes e Knight, os caçadores de escravos, e pediu e aconselhou-os a deixar a cidade. No início, eles se recusaram peremptoriamente a fazê-lo, "até que pegassem os negros". Por reclamação de diferentes pessoas, esses dois companheiros foram presos várias vezes, levados a um dos tribunais de nosso condado e mantidos sob fiança sob a acusação de "conspiração para sequestro" e de "difamação", ao chamarem William e Ellen de "ESCRAVOS". Hughes, em certa ocasião, quase perdeu a vida nas mãos de um homem de cor enfurecido. Enquanto esses homens permaneciam na cidade, um proeminente cavalheiro *whig* mandou dizer a William Craft que, se ele se submetesse pacificamente a uma prisão, ele e sua esposa seriam comprados de seus proprietários, custasse o que custasse. Craft respondeu, de fato, que ele era, em certa medida, o representante de todos os outros fugitivos em Boston, cerca 200 ou 300 em número; que, se ele desistisse, todos estariam à mercê dos caçadores de escravos e teriam que fugir da cidade a qualquer custo; e que, se sua liberdade pudesse ser comprada por dois centavos, ele não consentiria em comprometer a questão dessa maneira. Esse acontecimento despertou o espírito escravagista do país, tanto no Sul quanto no Norte; o governo dos Estados Unidos está determinado a tentar aplicar a Lei do Escravo Fugitivo; e William e Ellen Craft seriam objetos proeminentes da vingança dos escravagistas. Nessas circunstâncias, a opinião quase unânime de seus melhores amigos é que eles devem deixar a América o mais rapidamente possível e procurar asilo na Inglaterra! Que vergonha, que vergonha para nós, que os americanos, cujos pais lutaram contra a Grã-Bretanha para serem LIVRES, tenham de reconhecer esse fato vergonhoso! Deus nos deu uma herança justa e boa nesta terra, mas o homem a amaldiçoou com seus artifícios e crimes contra as almas e os direitos humanos. Os Estados Unidos são a "terra dos livres e o lar dos corajosos?" Deus sabe que não; e nós também sabemos disso. Um jovem corajoso e uma jovem virtuosa devem fugir das costas americanas e buscar, sob a sombra do trono britânico, o desfrute "da vida, da liberdade e da busca da felicidade".

Mas preciso continuar minha história simples e triste. Durante todo o dia, estive ocupado planejando uma maneira segura de William e Ellen deixarem

Boston. Não ousamos permitir que eles subam a bordo de um navio, mesmo no porto de Boston, pois o mandado ainda está nas mãos do delegado, e ele PODE estar esperando uma oportunidade para cumpri-lo; portanto, espero acompanhá-los amanhã até Portland, Maine, que está fora do alcance da autoridade do delegado; e lá espero vê-los a bordo de um navio a vapor britânico.

Esta carta foi escrita para apresentá-los ao senhor. Conheço sua saúde debilitada, mas tenho certeza de que, se estivesse estendido em sua cama em sua última doença e pudesse levantar a mão, a estenderia para dar as boas-vindas a essas pobres criaturas caçadas. A partir de agora, a Inglaterra é sua nação e seu lar. É com verdadeiro pesar por nossa perda pessoal devido à sua partida, bem como com uma vergonha ardente pela terra que não é digna deles, que os mandamos embora, ou melhor, permitimos que partam. Mas com toda a coragem resoluta que demonstraram em um momento de grande provação, eles mesmos veem que é imprudência insensata tentar ficar aqui por mais tempo.

Devo encerrar; e com muitos agradecimentos renovados por todas as suas palavras e ações gentis para conosco,

Eu sou, muito respeitosamente seu,
SAMUEL MAY, JUN.

Nossos antigos senhores, depois de saberem como seus agentes foram tratados em Boston, escreveram para o sr. Filmore, que na época era Presidente dos Estados Unidos, para saber o que ele poderia fazer para que nos mandassem de volta à escravidão. O sr. Filmore disse que deveríamos ser devolvidos, e deu instruções para que uma força militar fosse enviada a Boston para ajudar os policiais a efetuarem a prisão. Portanto, nós, assim como nossos amigos (entre os quais estava George Thompson, ex-deputado por Tower Hamlets – o amigo de longa data dos escravos, abnegado e eloquente defensor), achamos melhor, a qualquer custo, deixar a falsa República e ir para um país onde nós e nossos queridos pequeninos pudéssemos ser verdadeiramente livres. – "Ninguém ousaria nos molestar ou amedrontar". Mas como os oficiais estavam vigiando todos os navios que saíam do porto para evitar escapássemos, tivemos que seguir a cara e demorada rota terrestre para Halifax.

Sempre nutriremos os mais profundos sentimentos de gratidão ao Comitê de Vigilância de Boston (do qual faziam parte muitos dos principais abolicionistas) e também aos nossos numerosos amigos, pela maneira muito gentil e nobre com que nos ajudaram a preservar nossas liberdades e a fugir de Boston, como se fosse Ló, de Sodoma, para um lugar de refúgio e, finalmente, para este país verdadeiramente livre e glorioso, onde nenhum tirano, mesmo que seu poder seja tão absoluto sobre suas pobres vítimas trêmulas em casa, ousa vir e colocar mãos violentas sobre nós ou sobre nossos meninos (que tiveram a sorte de nascer em solo britânico) e nos reduzir ao nível legal da besta que perece. Ó! Que Deus abençoe os milhares de abolicionistas inabaláveis e desinteressados da América, que estão trabalhando por honra e por infâmia para limpar o escudo de seu país da mancha suja e destrutiva da escravidão e para restaurar a cada escravo seus direitos dados por Deus; e que Deus sempre sorria para a Inglaterra e para a boa, muito amada e merecidamente honrada rainha da Inglaterra, pela generosa proteção que é dada aos infelizes refugiados de todas as classes, cores e climas.

Na aprovação da Lei do Escravo Fugitivo, os seguintes doutores, bem como uma série de traidores menores, defenderam-se com veemência.

O rev. dr. Gardiner Spring, um eminente clérigo presbiteriano de Nova York, bem conhecido neste país por suas publicações religiosas, declarou do púlpito que, "se com uma oração ele pudesse libertar todos os escravos do mundo, ele não ousaria oferecê-la".

O rev. dr. Joel Parker, da Filadélfia, no decorrer de uma discussão sobre a natureza da escravidão, diz: "Quais são, então, os males inseparáveis da escravidão? Não há nenhum que não seja igualmente inseparável da natureza humana depravada em outras relações legais".

O rev. Moses Stuart, Doutor em Divindade, (ex-professor da Faculdade de Teologia de Andover), em sua defesa desse projeto de lei, lembra a seus leitores que "muitos proprietários de escravos do Sul são verdadeiros

CRISTÃOS". Que "mandar de volta um fugitivo para eles não é como devolver um fugitivo a um povo idólatra". Que "embora possamos ter PENA do fugitivo, ainda assim a Lei Mosaica não autoriza a rejeição das reivindicações dos proprietários de escravos em relação à sua PROPRIEDADE roubada ou extraviada".

O rev. dr. Spencer, do Brooklyn, em Nova York, manifestou-se em apoio à Lei do Escravo Fugitivo, publicando um sermão intitulado "O Dever Religioso de Obediência às Leis", que recebeu os maiores elogios do dr. Samuel H. Cox, ministro presbiteriano do Brooklyn (notório tanto neste país quanto na América por sua simpatia pelo escravagista).

O rev. W. M. Rogers, um ministro ortodoxo de Boston, proferiu um sermão no qual diz: "Quando o escravo me pede para ficar entre ele e seu senhor, o que ele pede? Ele me pede para assassinar a vida de uma nação; e não o farei, porque tenho consciência – porque existe um Deus". Ele prossegue, afirmando que, se a resistência à aplicação da Lei do Escravo Fugitivo levasse a magistratura a chamar os cidadãos às armas, o dever deles seria obedecer e, "se ordenados a tirar a vida humana em nome de Deus, que a tirassem"; e conclui, admoestando os fugitivos a "ouvir a Palavra de Deus e considerar seus próprios senhores dignos de toda honra".

O rev. William Crowell, de Waterfield, no estado do Maine, publicou um Sermão de Ação de Graças do mesmo tipo, no qual conclama seus ouvintes a não permitir que "a excessiva solidariedade por algumas centenas de fugitivos os cegue, de modo que possam arriscar aumentar o sofrimento dos milhões que já estão acorrentados".

O rev. dr. Taylor, um clérigo episcopal de New Haven, Connecticut, fez um discurso em uma reunião de sindicado, na qual ele depreciou a agitação sobre a lei e pediu obediência a ela, perguntando: "Esse artigo da Constituição é contrário à lei da natureza, das nações ou à vontade de Deus? É mesmo? Existe uma sombra de razão para dizer isso? Não fui capaz de descobrir isso. Não lhes mostrei que é lícito entregar, em conformidade com as leis, escravos fugitivos para os altos, grandes e importantes interesses desses estados [do Sul]?"

O reverendíssimo Bispo Hopkins, de Vermont, em uma palestra em Lockport, diz: "Isso foi garantido pelo Antigo Testamento"; e pergunta: "Que efeito teve o Evangelho na eliminação da escravidão? Nenhum". Portanto, ele argumenta que, como é expressamente permitido pela Bíblia, não envolve em si nenhum pecado, mas que todo cristão está autorizado pela Lei Divina a possuir escravos, desde que eles não sejam tratados com crueldade desnecessária.

O rev. Orville Dewey, Doutor em Divindade, da conexão Unitarista, sustentou em suas palestras que a segurança da União não deve ser posta em risco por causa da raça africana. Ele declara que, de sua parte, mandaria seu próprio irmão ou filho para a escravidão, se necessário, a fim de preservar a União entre os estados livres e os escravagistas; e, aconselhando o escravo a uma magnanimidade semelhante, assim o exorta: "Seu direito de ser livre não é absoluto, não qualificado, independentemente de todas as consequências. Se a minha adesão à sua reivindicação provavelmente envolverá a sua raça e a minha em desastres infinitamente maiores do que a sua servidão pessoal, então você não deve ser livre. Nesse caso, os direitos pessoais devem ser sacrificados em prol do bem geral. Você mesmo deve ver isso e estar disposto a sofrer por um tempo – um por muitos".

Se o doutor estiver preparado, ele tem toda a liberdade de sacrificar seus "direitos pessoais em prol do bem geral". Mas como sofri muito tempo na escravidão, não é justo que o doutor me aconselhe a retornar. De acordo com o que disse, ele deveria tomar meu lugar. Isso seria praticamente a aplicação de sua lógica, no que diz respeito a "sofrer por algum tempo – um por muitos".

De fato, estavam tão ansiosos para se prostrar diante do grande ídolo da escravidão e, como Balaão, amaldiçoar, em vez de abençoar, o povo que Deus havia tirado da escravidão, que trouxeram à tona passagens obsoletas do Antigo Testamento para justificar seu rumo decadente; ignoraram, ou não quiseram ver, os seguintes versículos, que mostram muito claramente, de acordo com o próprio livro-texto do doutor, que os escravos têm o direito de fugir e que não é bíblico mandá-los de volta.

No capítulo 23 de Deuteronômio, versículos 15 e 16, está escrito: "Não entregarás a seu senhor o servo que se desviou do seu senhor para ti. Ele habitará no meio de ti, no lugar que ele escolher em uma das tuas portas, onde melhor lhe aprouver; não o oprimirás".

"Esconda o proscrito. Não denuncie aquele que vagueia. Que meus proscritos habitem contigo. Sê tu um abrigo para eles da face do saqueador". (Isaías 16, 3-4).

A grande maioria dos clérigos americanos não se contenta em proferir frases semelhantes às mencionadas antes ou permanecer totalmente indiferente aos clamores do pobre escravo, mas faz tudo o que pode para destruir a reputação e amordaçar a boca dos poucos homens bons que ousam suplicar ao Deus de misericórdia "para soltar os laços da iniquidade, para desfazer os fardos pesados e deixar os oprimidos livres". Esses reverendos senhores lançam uma terrível canhonada sobre "Jonas", por se recusar a levar a mensagem de Deus contra Nínive, e nos contam sobre a baleia na qual ele foi sepultado, enquanto ignoram completamente a existência das baleias que perturbam suas águas republicanas, e não sabem que eles mesmos são os "Jonas" que ameaçam afundar seu navio de Estado, dirigindo-o em uma direção injusta. Dizem-nos que a baleia vomitou o profeta fugitivo. Isso não teria parecido tão estranho se ela tivesse engolido um dos mornos Doutores em Divindade acima, pois até mesmo uma baleia poderia achar tal bocado de difícil digestão.

Eu venero o homem cujo coração é caloroso,
Cujas mãos são puras; cujas doutrinas e cuja vida,
Coincidentes, exibem provas lúcidas
De que ele é honesto na causa sagrada.
Mas a graça maltratada produz os atos mais imundos,
Assim como o solo mais rico produz as ervas daninhas
mais exuberantes.

Devo agora deixar os reverendos senhores nas mãos daquele que sabe melhor como lidar com um ministério desertor.

Não quero que se entenda que todos os clérigos dos Estados Unidos são do tipo Balaão. Há aqueles que são tão intransigentes com os proprietários de escravos quanto Moisés foi com Faraó e, como Daniel, nunca se curvarão diante do grande falso Deus que tenha sido estabelecido.

Ao chegarmos a Portland, descobrimos que o navio a vapor que pretendíamos pegar havia se chocado com uma escuna na noite anterior e estava parado para reparos; tivemos, portanto, de esperar lá, em uma terrível expectativa, por dois ou três dias. Durante esse tempo, tivemos a honra de ser hóspedes do falecido e muito lamentado sr. Daniel Oliver, um dos melhores e mais hospitaleiros homens do estado. Pelo simples fato de cumprir a injunção das Escrituras, de acolher o estrangeiro etc. ele correu o risco de incorrer em uma penalidade de dois mil dólares e doze meses de prisão.

Mas nem a Lei do Escravo Fugitivo, nem qualquer outra lei satânica, jamais poderá expulsar o espírito de liberdade e de humanidade de homens tão nobres e de coração generoso.

Que Deus abençoe sempre sua querida viúva e que, por fim, os una em Suas cortes nas alturas!

Por fim, desembarcamos em St. John's, New Brunswick, onde tivemos de esperar dois dias pelo navio que nos levaria para Windsor, Nova Escócia.

Ao entrar em um hotel em St. John's, encontramos o mordomo no saguão, a quem eu disse:

– Queremos passar a noite aqui.

Ele se virou, coçando a cabeça, evidentemente muito chateado. Então, pensando que minha esposa era branca, ele respondeu:

– Temos bastante espaço para a senhora, mas não sei quanto a você; nunca aceitamos pessoas de cor.

– Oh, não se preocupe comigo – eu disse; – se você tem espaço para a senhora, isso será suficiente; então, por favor, leve a bagagem para um quarto – o que foi feito imediatamente, e minha esposa subiu para o apartamento.

Depois de dar uma pequena caminhada pela cidade, voltei e pedi para ver a "senhora". Ao ser conduzido à pequena sala de estar onde ela se encontrava, entrei sem bater, para surpresa de toda a casa. A "senhora", então, tocou a campainha e pediu um jantar para duas pessoas.

– Jantar para dois, madame! – exclamou o garçom ao sair pela porta.

– Sim, para dois – disse minha esposa.

Em pouco tempo, o mordomo robusto e de nariz vermelho, que conhecemos, bateu à porta. Eu gritei:

– Entre.

– Ao entrar, ele olhou para mim com seus olhos de uísque, depois para minha esposa, e disse em um tom muito solene:

– A senhora pediu jantar para dois, madame?

– Sim, para dois – respondeu minha esposa novamente.

Isso confundiu o mordomo gordinho mais do que nunca, e como o proprietário não estava na casa, ele parecia perdido quanto ao que fazer.

Quando o jantar ficou pronto, a empregada entrou e disse:

– Por favor, senhora, a patroa quer saber se vai jantar agora ou se vai esperar até sua amiga chegar?

– Vou jantar agora, por gentileza.

– Obrigada, senhora – continuou a empregada, e saiu correndo.

Depois de muitas risadas no corredor, alguém disse:

– Agora você está encrencado, mordomo; então, trate de fazer o melhor que puder para lidar com isso.

Mas antes que o jantar fosse servido, o proprietário retornou e, tendo ouvido do comissário de bordo do navio que nos trouxe que estávamos indo para a Inglaterra, o país natal do proprietário, ele nos tratou da maneira mais respeitosa possível.

Na casa mencionada antes, o engraxate (cujo nome esqueci) era um escravo fugitivo, um homem muito inteligente e ativo, com cerca de quarenta e cinco anos de idade. Logo após seu casamento, enquanto era escravo, sua esposa foi vendida para longe dele, e ele nunca conseguiu saber onde a pobre criatura estava morando. Assim, depois de permanecer solteiro por muitos anos, tanto antes quanto depois de sua fuga, e sem nunca mais ter visto sua parceira há muito perdida, e nem mesmo ter ouvido falar dela, ele finalmente se casou com uma mulher em St. John's. Mas, pobre coitado, um dia, quando passava pela rua, encontrou uma mulher; à primeira vista, quase se reconheceram; ambos se viraram e se olharam, e inconscientemente avançaram, até que ela gritou e voou para os braços dele. Suas primeiras palavras foram:

– Querido, você está casado?

Quando ele respondeu afirmativamente, ela se esquivou do seu abraço, baixou a cabeça e chorou. Uma pessoa que presenciou esse encontro me contou que foi muito emocionante.

Esse casal não sabia nada sobre a fuga ou o paradeiro um do outro. A mulher havia escapado alguns anos antes para os estados livres, escondendo-se no porão de um navio; mas como tentaram levá-la de volta ao cativeiro, ela fugiu para New Brunswick, em busca da proteção que seu país natal era muito mesquinho para oferecer.

O homem imediatamente levou sua antiga esposa para ver a nova, que também era uma escrava fugitiva, e como todos conheciam o funcionamento do infame sistema de escravidão, eles puderam (como ninguém mais pode) se solidarizar com o infortúnio um do outro.

De acordo com as regras da escravidão, o homem e sua primeira esposa já estavam divorciados, mas não moralmente; portanto, ficou combinado entre os três que ele deveria viver apenas com a última esposa com quem se casara e permitir que a outra recebesse um tanto por semana, desde que solicitasse sua ajuda.

Depois de ficar em St. John's por dois dias, o navio a vapor chegou, aquele que nos levou a Windsor, onde encontramos uma carruagem com destino a Halifax. O preconceito contra a cor me obrigou a subir na parte de cima, debaixo de chuva. Ao chegar a cerca de doze quilômetros da cidade, a carruagem quebrou e virou. Caí em cima do motorista, que estava com a cabeça enfiada na lama; e como ele "sempre se opôs ao fato de os negros andarem dentro da carruagem com os brancos", não fiquei particularmente triste por vê-lo mais afundado na lama do que eu. Todos nós estávamos mais ou menos arranhados e machucados. Depois que os passageiros se arrastaram para fora o melhor que puderam, remamos em meio à lama profunda, ao frio e à chuva até Halifax.

Ao sairmos de Boston, nossa intenção era chegar a Halifax pelo menos dois ou três dias antes de o navio a vapor de Boston chegar lá, a caminho de Liverpool; mas tendo ficado retidos por tanto tempo em Portland e St. John's, tivemos a infelicidade de chegar a Halifax ao anoitecer, apenas duas horas depois de o navio a vapor ter partido; consequentemente, tivemos que esperar lá por quinze dias pelo *Cambria*.

A carruagem foi consertada e chegou a Halifax com a bagagem, logo após a chegada dos passageiros. O único hotel respeitável que havia na cidade havia suspendido suas atividades e estava fechado; então fomos para a pousada, em frente ao mercado, onde o ônibus parou: um buraco miserável e sujo.

Sabendo que ainda estávamos sob a influência do deplorável preconceito ianque, mandei minha esposa entrar com os outros passageiros para conseguir uma cama para ela e o marido. Fiquei do lado de fora, debaixo de chuva, até a carruagem chegar. Se eu tivesse entrado e pedido uma cama, eles estariam lotados. Mas como acharam que minha esposa era branca, ela não teve dificuldade em conseguir um apartamento, para onde a bagagem foi levada depois. A proprietária, observando que eu me interessava pela bagagem, ficou um pouco desconfortável, entrou no quarto de minha esposa e lhe disse:

– Você conhece o homem moreno lá embaixo?

– Sim, ele é meu marido.

– Ah! Estou falando do homem moreno... o *negro*.

– Eu entendi perfeitamente; ele é meu marido.

– Meu Deus! – exclamou a mulher ao sair indignada e bater a porta.

Ao subir as escadas, ouvi o que havia acontecido, mas, como estávamos ali e não pretendíamos sair naquela noite, não nos perturbamos. Quando pedimos chá, a proprietária nos respondeu dizendo que deveríamos tomá-lo na cozinha ou em nosso quarto, pois ela não tinha outro espaço para "negros". Respondemos que não éramos exigentes e que eles poderiam mandar o chá para o nosso quarto, o que foi feito.

Depois que as pessoas pró-escravidão que estavam hospedadas no local souberam que estávamos lá, a casa inteira ficou agitada, e todos os tipos de palavrões e ameaças foram lançados sobre os "negros malditos, por terem vindo para o meio dos brancos". Alguns deles disseram que não parariam ali nem por um minuto se houvesse outra casa para onde ir.

Na manhã seguinte, a senhora veio saber por quanto tempo desejávamos ficar ali. Dissemos quinze dias.

– Ó! Meu Deus, é impossível para nós acomodá-los, e acho que é melhor vocês irem embora: devem entender que eu mesma não tenho nenhum preconceito; tenho muita consideração pessoas de cor e sempre fui amiga delas; mas se vocês pararem aqui perderemos todos os nossos clientes, o que não pode acontecer de jeito nenhum.

Dissemos que estávamos felizes em saber que ela não tinha "nenhum preconceito" e que era uma amiga tão fiel das pessoas de cor. Também a informamos de que lamentaríamos que seus "clientes" fossem embora por nossa causa; e como não era nossa intenção atrapalhar ninguém, era tolice que ficassem assustados. Entretanto, se ela nos arranjasse um lugar confortável, ficaríamos felizes em ir embora. A proprietária disse que sairia e tentaria. Depois de passar a manhã inteira vasculhando a cidade, ela veio ao nosso quarto e disse:

– Fui de uma ponta a outra do lugar, mas todos os locais estão lotados.

Tendo uma pequena amostra do preconceito indecente da cidade, não nos surpreendemos com esse resultado. No entanto, a proprietária nos deu o endereço de algumas famílias de cor respeitáveis, que ela achava que, "dadas as circunstâncias", poderiam ser levadas a nos receber. E como não nos sentíamos nada confortáveis – sendo obrigados a sentar, comer e dormir no mesmo pequeno cômodo –, estávamos dispostos a mudar de alojamento.

Visitei o rev. sr. Cannady, um cristão de bom coração, que nos recebeu num piscar de olhos; ele e sua gentil senhora nos trataram muito bem, e por um preço simbólico.

Minha esposa e eu estávamos indispostos quando saímos de Boston e, tendo pegado um novo resfriado na viagem para Halifax, ficamos quase quinze dias sob os cuidados de um médico. Eu me preocupei muito com a obtenção de passagens, pois eles nos confundiram vergonhosamente no escritório da Cunard. A princípio, disseram que não faziam reservas até a chegada do navio, o que não era o caso. Quando voltei a perguntar, disseram que sabiam que o navio viria cheio de Boston e, portanto, era "melhor tentar chegar a Liverpool por outros meios". Outras desculpas ianques maldosas foram dadas; e foi somente quando um cavalheiro influente, a quem o Sr. Francis Jackson, de Boston, gentilmente nos dera uma carta de recomendação, foi e os repreendeu, que conseguimos garantir nossas passagens. Assim, quando embarcamos, minha esposa estava muito mal e também ficou tão doente durante a viagem que eu não acreditava que ela pudesse viver para ver Liverpool.

No entanto, tenho o prazer de dizer que ela viveu e, depois de ficar em Liverpool muito doente por duas ou três semanas, recuperou-se gradualmente.

Foi só quando pisamos na costa de Liverpool que nos libertamos de todo medo escravista.

Erguemos nossos corações agradecidos ao céu, e poderíamos ter nos ajoelhado, como os exilados napolitanos, e beijado o solo, pois sentimos que, da escravidão,

O céu certamente manteve
este pedaço da terra sem maldição,
Para mostrar como todas as coisas
foram criadas no início.

Poucos dias depois de desembarcarmos, o reverendo Francis Bishop e sua senhora chegaram e nos convidaram para sermos seus hóspedes, a cuja bondade ilimitada e cuidadosa atenção minha esposa deve, em grande parte, o restabelecimento de sua saúde.

Enviamos junto nossa carta do rev. sr. May ao sr. Estlin, que imediatamente escreveu convidando-nos para ir à sua casa em Bristol. Ao chegarmos lá, tanto o sr. Estlin quanto a srta. Estlin nos receberam tão cordialmente quanto nossos primeiros bons amigos quakers na Pensilvânia. Fico muito triste em ter que mencionar que ele não existe mais. Todos que o conheceram podem dizer com sinceridade

> Paz à memória de um homem de valor,
> Um homem de letras e de bons modos também!
> De modos doces como a Virtude sempre ostenta
> Quando a alegre Bondade a veste de sorrisos.

Foi principalmente por meio da extrema bondade do sr. Estlin, da ilustríssima Lady Noel Byron, da srta. Harriet Martineau, da sra. Reid, da srta. Sturch e de alguns outros bons amigos que minha esposa e eu pudemos passar um curto período de tempo em uma escola neste país, para adquirir um pouco da educação da qual fomos tão vergonhosamente privados enquanto estávamos na casa da escravidão. A escola está sob a supervisão das srtas. Lushington, D.C.L.[29] Durante nossa estada na escola, recebemos a maior atenção de todos, e sou particularmente grato ao ilustríssimo sr. Thomas Wilson, da Bradmore House, Chiswick (que era o dono na época), pelo profundo interesse que demonstrou em tentar me ajudar a continuar meus estudos. Sempre teremos carinho e gratidão pela lembrança de nosso querido e falecido amigo, o sr. Estlin. Nós, assim como a causa antiescravagista, perdemos um bom amigo nele. No entanto, se os espíritos dos que

---

29. D.C.L. é a sigla para Doctor of Civil Law (Doutor em Direito Civil); trata-se de um título acadêmico, geralmente concedido em universidades, principalmente no Reino Unido e em alguns outros países que seguem o sistema britânico. Assemelha-se a um doutorado em Direito, mas com foco específico no Direito Civil. (N. R.)

partiram no céu tiverem consciência da maldade deste mundo e puderem falar, ele nunca deixará de implorar, na presença da hoste angélica e diante do grande e justo Juiz, pela humanidade oprimida e ultrajada.

> *Portanto, não consigo pensar que te foste completamente;*
> *A melhor parte de ti ainda está conosco;*
> *A tua alma jogou fora o barro que a atrapalhava,*
> *E só mais livre luta contra o mal.*
>
> *Tu vives na vida de todas as coisas boas;*
> *As palavras que disseste para a Liberdade não morrerão;*
> *Tu não dorme, pois agora teu Amor tem asas*
> *Para se elevar aonde antes tua esperança mal podia voar.*
>
> *E muitas vezes, daquele outro mundo, sobre este,*
> *Alguns lampejos de grandes almas*
> *que já se foram podem brilhar,*
> *Para derramar sobre os corações em luta*
> *uma alegria mais clara,*
> *E revestir o Direito com um brilho mais divino.*
>
> *Adeus! Bom homem, bom anjo agora! Esta mão logo,*
> *Em breve, como a tua, perderá sua habilidade também;*
> *Logo esta alma, como a tua, perplexa ficará,*
> *Então, para percorrer o azul livre e insondável, ela saltará.*
>
> James Russell Lowell

Nas páginas anteriores, não me debrucei sobre as grandes barbaridades que são praticadas contra os escravos, porque desejo apresentar o sistema em sua forma mais branda e mostrar que as "ternas misericórdias dos ímpios são cruéis". Mas agora, no entanto, declaro solenemente que uma grande maioria dos escravos americanos é sobrecarregada, mal alimentada e frequentemente açoitada sem misericórdia.

Muitas vezes, vi escravos serem torturados de todas as formas imagináveis. Eu os vi caçados e dilacerados por cães de caça. Eu os vi vergonhosamente espancados e marcados com ferros em brasa. Eu os vi caçados e até queimados vivos em fogueiras, frequentemente por delitos que seriam aplaudidos se cometidos por pessoas brancas para propósitos semelhantes.

Em suma, é bem conhecido na Inglaterra, se não em todo o mundo, que os americanos, como povo, são notoriamente maus e cruéis com todas as pessoas de cor, sejam elas escravas ou livres.

Ó, tirano, tu que dormes
Sobre um vulcão, de cuja reprimida ira
Já explodem algumas fagulhas vermelhas,
Cuidado!

Acompanhe a LVM Editora

◉ @lvmeditora

Acesse: www.clubeludovico.com.br

◉ @clubeludovico

Esta edição foi preparada pela LVM Editora com tipografia
Source Serif Pro e Tw Cen MT, em fevereiro de 2025.